EL PUEBLO DE ISRAEL VIVE

עם ישראל חי

EL PUEBLO DE ISRAEL VIVE

Lucy Dávila

Número de Control de la Biblioteca del Congreso de EE. UU.: 2021917273
ISBN: Tapa Dura 978-1-5065-3850-1
Tapa Blanda 978-1-5065-3848-8
Libro Electrónico 978-1-5065-3849-5

Versión castellana conforme a la tradición judía por Moisés Katznelson, Editorial Sinaí, Tel-Avid, Israel; Dios Habla Hoy – La Biblia con deuterocanónicos, Versión Popular-Segunda Edición, Sociedades Bíblicas Unidas, México, D.F.

Información de la imprenta disponible en la última página.

Fecha de revisión: 21/10/2021

Para realizar pedidos de este libro, contacte con:
Palibrio
1663 Liberty Drive, Suite 200
Bloomington, IN 47403
Gratis desde EE. UU. al 877.407.5847
Gratis desde México al 01.800.288.2243
Gratis desde España al 900.866.949
Desde otro país al +1.812.671.9757
Fax: 01.812.355.1576
ventas@palibrio.com
834349

ÍNDICE

DEDICATORIA

Dedico este pequeño libro a mis tres queridos hijos, a mis dulces nietos y a toda mi descendencia, esperando que su contenido les sirva de alguna ayuda para mantener siempre despiertas sus conciencias en todo lo que respecta a la valentía, la justicia y el servicio del prójimo. Lo dedico también a toda la gente linda que forman parte de la familia tan especial que Dios me ha regalado. Quiero que sepan que vivo profundamente orgullosa y agradecida por el gran amor que siempre me han brindado todos. ¡L'jaim (לחיים), por la vida!

RECONOCIMIENTO

Quiero agradecer profundamente a mi esposo, quien, siendo testigo de mi sueño y de mis esfuerzos, estuvo siempre dispuesto a brindarme la ayuda y las palabras de estímulo que tantas veces necesité para terminar este libro. Marcos, cuya pasión por el aprendizaje y positivismo, lo hacen ser de inspiración a todos los que le conocen. Gracias, por ser mi fiel compañero de la vida y del estudio; que Dios haga resplandecer Su rostro sobre ti siempre.

RESEÑAS

Definitivamente este material merece ser ampliamente difundido. Lloré tanto con la narración del Holocausto, que tuve que hacer una pausa antes de poder continuar con la lectura. Creo que dentro del libro está expuesto lo necesario para que la historia impacte y llegue a cualquier lector. El testimonio escogido desgarra el alma, pero luego de ello, tomando la esencia de lo que creo que es el pueblo judío, expone una enseñanza, muestras la luz al final del túnel. No queda duda que es un libro que marcó mi vida. Daniela Barragán, Editora, Psicóloga y Cantante.

⁂ ⁂ ⁂

Confieso que hace tiempo que no me emocionaba ni disfrutaba tanto leyendo un texto de este estilo. Al darle una ojeada creí que sería un libro sobre el Holocausto, pero luego me di cuenta de que este libro abarca mucho más; este resume en una forma clara la VERDADERA

HISTORIA del pueblo judío. Lo que cuenta sobre Moisés y como presenta las cosas, realmente es fascinante. Con respecto a la parte del Holocausto...tengo que admitir que lloré sin parar y todavía tengo la piel de gallina por todo lo contado. En resumen, disfruté y aprendí muchísimo leyendo este libro. Tamara Zarewsky – Editora de libros.

* * *

Te comento que he aprendido cosas que no conocía sobre el pueblo judío y que, a pesar de todas las adversidades a lo largo de su historia, su resiliencia es altísima, ha superado todas las adversidades y se ha convertido en una nación pujante y poderosa. Lo que te quiero decir es que en esa pequeña cantidad de páginas has condensado, de manera cronológica, una enorme cantidad de información, sin extenderte en complejidades históricas, has sido directa y precisa. Juan Carlos Gómez – Ingeniero y Editor de libros.

* * *

NOTAS DEL AUTOR

* Aunque este libro contiene textos bíblicos necesarios para narrar la historia del pueblo hebreo, no debe ser considerada una obra religiosa.

* Olvidándome de los tecnicismos de los términos *judío* y *hebreo*, estaré utilizando ambos términos en forma intercambiable, pero refiriéndome siempre a los descendientes de Jacob (*Benei Yisrael*).

* Cualquier tipo de error ortográfico encontrado en el texto bíblico no ha sido corregido por respeto a dicho documento.

* Antes Era (a.e.C.) – Era Común (e.C.)

**Calanit* es el nombre de la flor nacional del pueblo de Israel y es la que se muestra en la portada.

NOTAS SOBRE LA AUTORA

Lucy ha dedicado más de veinticinco años de su vida al estudio del texto bíblico hebreo (*Torá)*[1] y de la historia antigua y moderna del pueblo de Israel. Cursó sus primeros años de estudios judaicos en Los Ángeles, California. Graduada por el Instituto Bíblico Internacional de las Asambleas de Dios en Nueva York y del antiguo Instituto Bíblico Mizpa de Puerto Rico. Algo que Lucy considera de gran valor en su vida es el haber descubierto la ciencia o sabiduría de la *Cabalá*[2], la cual estudia desde hace varios años junto a su esposo, y afirma que le ha ayudado a comprender mejor el misterio de la creación, el desarrollo espiritual y la importancia de vivir para amar y para servir al prójimo.

---

[1] Torá - Nombre con el que se conocen en hebreo los primeros cinco libros de la Biblia escritos por Moisés.

[2] Cabala - Conocida ciencia o sabiduría que revela la interpretación más elevada del texto bíblico. Su principal fuente de estudio es el *Zohar o Libro del Esplendor*, escrito por el sabio del primer siglo, Shimon bar Yochai.

Lucy Dávila se considera a sí misma una ferviente amadora de Dios y del prójimo, y hace todo lo que está a su alcance para minimizar los efectos de la injusticia, deseando desde su humilde posición ayudar a detener el odio que, por ignorancia o por desinformación, muchas personas aún fomentan contra los judíos. Pero su pasión no se limita al pueblo judío, ella espera que este libro despierte también la conciencia de los muchos que pretenden ignorar el odio y la intolerancia que a diario observamos en todos los pueblos. Lucy es madre de tres maravillosos hijos y está felizmente casada; es ciudadana del mundo y visionaria desde la cuna. Uno de sus dichos favoritos es: «*Callar cuando debieran hablar, hace cobardes a los hombres*». Abraham Lincoln

PRÓLOGO
por Albert Snow

Todos los pueblos que han pisado la faz de la Tierra han disfrutado de un momento de gloria en algún momento de su historia. Desde los orgullosos y místicos Babilónicos hasta la supremacía estadounidense del mundo actual, naciones y grupos han participado, de una forma u otra, en lo que somos hoy globalmente. Pero hemos de reconocer que, entre todos ellos, existe uno en especial que siempre se ha mantenido presente de una forma diferente. Se trata del pueblo judío.

Me gusta denominarlo «el pueblo intangible siempre presente». A diferencia de los imperios históricos, los judíos no se han destacado por su control territorial extenso, o su número. Y, sin embargo, siempre están ahí, desde prácticamente el comienzo del mundo. Sus logros intelectuales se infiltran en nuestra sociedad de forma silenciosa, y sus comunidades han sido vistas con recelo por muchos, aún sin saber muy bien el motivo.

¿Qué tiene el pueblo judío que, de una forma u otra, está siempre con nosotros? ¿Cómo es posible que se genere animadversión con tanta facilidad hacia alguien a quién no se conoce? Son preguntas a las que mucha gente desea responder apelando al odio. Pero ya tengo unos años, y si hay algo que he aprendido de este mundo es que las respuestas fáciles y malintencionadas normalmente esconden visiones simplistas y a la postre, falsas.

Este libro plantea un recorrido por la historia de los judíos, pero de una forma distinta a la habitual. Su objetivo es tratar de hacernos ver que, precisamente por el maltrato recibido, hay algo más en ellos. No es lógico que continuamente se denigre y abuse de alguien que no tiene la más mínima importancia. Por tanto, ¿qué significan para el mundo?

Aquí hallaremos muchas ideas fundamentales, y será el propio lector el encargado de desarrollarlas según sus valores. Veremos que, a diferencia de lo que a priori pudiera parecer, la religión pasa a un segundo plano frente a los motivos económicos y políticos que llevaron a muchas matanzas de judíos. Veremos cómo la mayor parte de los tópicos y estereotipos son falsos, producto de una serie de circunstancias sociales abusivas y de la propaganda contraria a ellos. Tras la lectura de este libro, tú, amigo lector, tendrás un conocimiento más cercano y real de la verdad de un pueblo, y podrás formarte una opinión mucho más certera sobre lo que significan para el mundo y para ti.

No quiero despedir este prólogo sin antes dar las gracias a su autora, Lucy Dávila, cuya bienintencionada escritura me ha servido para completar un cuadro que, si bien pudiera en un principio parecer doloroso, se torna radiante y bello cuando está terminado, esbozando en un pequeño libro lo que más nos importa de un grupo de personas que tienen en común su entereza y superación de las más terribles adversidades. Porque podemos criticar muchas cosas de los judíos, pero en lo que todo el mundo está de acuerdo es que, a pesar de los terribles castigos e intentos de exterminio, el pueblo de Israel vive y florece.

INTRODUCCIÓN

Esta obra es una reflexión personal, sencilla y cercana, llena de sentimiento. No es un texto académico, ni nada parecido, sino un canto a la vida, a la luz que ilumina el camino del pueblo judío. Escrito con el corazón, para ti amigo lector.

Les pido excusas a aquellos que tanto han escuchado hablar sobre un libro que nunca termino y el cual al fin tienen en sus manos. La razón del retraso es que tenía miedo, miedo de no saber cómo poner en un papel todo lo que hervía en mi mente y en mi corazón; y más miedo aún de herir a tanta gente buena con las cosas que relato aquí. Pedazos de historia que muchos por vergüenza han decidido olvidar y del que otros jamás han escuchado hablar.

Vivir en una década donde el odio, el desacuerdo y la violencia parece estar a la orden del día, nos provoca hacer lo que esté a nuestro alcance para alertar a las nuevas generaciones. El arma más peligrosa en manos de hombres déspotas y arrogantes es la ignorancia de un pueblo. Por esto, espero que las verdades expuestas en este libro sirvan para alertar aquellos que parecen vivir desinformados o indiferentes, no solo al antisemitismo que nos rodea, sino también a las manifestaciones de odio e intolerancia que vemos a diario en nuestras calles, en nuestras escuelas y en nuestros gobiernos.

Con el propósito de mostrarles mejor el contenido de este libro, realizaremos un pequeño viaje desde el ancestral origen, los exilios y sufrimientos, los éxitos, hasta la posición actual del pueblo de Israel en el mundo. Todo en una forma muy resumida, cronológica y sencilla para facilitar la comprensión del lector. Además de difundir algo de conocimiento, espero que este libro sirva para despertar en muchas personas el interés de continuar estudiando sobre la profunda sabiduría, que la historia de este pueblo encierra.

Escrito con amor y respeto, tanto para los que bendicen, como para los que maldicen a Israel; esperando que todos encuentren entre estas líneas, algo que les resulte para bien.

CAPÍTULO 1

Origen del Israel ancestral

Tratándose del pueblo hebreo, si deseamos saber su origen y los comienzos de su desarrollo, tenemos que recurrir a la Biblia hebrea, que, en este caso, es la fuente más fiel de su historia. Por eso existe un dicho hebreo que afirma: «No hay *Torá* sin pueblo y no hay pueblo sin *Torá*». El registro bíblico nos dice que el pueblo hebreo surge de un hombre llamado Abram, nacido y criado en Mesopotamia[3] en medio de la idolatría, que era entonces lo único que el mundo conocía como religión. Abram era hijo de un hombre llamado Taré, quien se ganaba la vida haciendo ídolos para vender.

Antes de continuar, les pido a aquellos lectores poco aficionados a leer la Biblia, que sean pacientes, pues al considerar la Biblia hebrea como la más legítima fuente histórica, en este caso citaré pasajes bíblicos al hablar

---

[3] Mesopotamia – Tierra entre el rio Tigris y Éufrates; dividida hoy entre Irak, Siria y Turquía.

del origen y de los primeros pasos del pueblo hebreo. Considero que es necesario para no perder el hilo de la historia. Y a aquellos que nunca la han leído, espero que después de todo, les resulte algo interesante.

Sobre Abram, la Biblia nos cuenta lo siguiente:

> Y le dijo el Eterno a Abram: «Vete de tu tierra y de tu familia y de la casa paterna a la tierra que te señalaré. Y haré de ti una un pueblo grande y te bendeciré y engrandeceré tu nombre y serás una bendición. Y bendeciré a quienes te bendigan y maldeciré a quienes te maldigan, y en ti serán benditas todas las familias de la tierra». (Gn. 12:1-3)

> Y tenía Abram noventa y nueve años cuando se le apareció el Eterno diciéndole: «Yo soy Dios Todopoderoso. Anda ante Mí y se íntegro. Y yo estableceré Mi Pacto contigo y te multiplicaré sobremanera». Entonces echose Abran rostro a tierra mientras Dios le decía: «Yo (te anuncio que) Mi Pacto es contigo, y serás padre de una multitud de pueblos. Y dejarás de llamarte Abram, pues tu nombre será Abraham (Avraham), pues te he convertido en padre de numerosos pueblos. Y haré que seas fructífero y que de ti surjan pueblos y salgan reyes. Y estableceré mi pacto

> contigo y tu simiente después de ti en todas sus generaciones. Será un Pacto eterno: Yo seré Dios para ti y para tu simiente después de ti. Y te daré a ti y a tu simiente después de ti la tierra de tus peregrinaciones: toda la tierra de Canaán, como posesión eterna, y Yo seré el Dios de tu descendencia». Y le dijo (también) Dios a Abraham: «Y tu guardaréis mi pacto, tú y tu simiente después de ti, para las (sucesivas) generaciones. Este es mi pacto que vosotros guardaréis, tú y tu simiente después de ti: todo varón de vosotros será circuncidado. Circuncidaréis pues la carne de vuestro prepucio, y esa será la señal del Pacto celebrado contigo. (Gn. 17:1-11)

Entre las promesas que Dios le hiciera a Abraham en esta ocasión, le prometió establecer un «pacto eterno» con él y con toda su descendencia que perduraría por todas sus generaciones. Le promete, además, multiplicarle en gran manera y darle la tierra de Canaán como posesión eterna, y lo más importante: le promete que será su Dios y el Dios de su simiente después de él. Pone como condición que debe mantener su integridad, además de la obligación de circuncidar a todo varón de su casa por todas las generaciones, cosa que hasta hoy cumplen los judíos.

La verdadera razón por la que Dios escogió a Abraham no fue porque tenía fe, como mucha gente enseña, pues esto fue algo que él demostró después de haber sido escogido. El profeta Nehemías nos dice la razón por la cual Dios escogió a Abraham diciendo lo siguiente:

> «Tú eres el Dios Eterno, que escogió a Abram (Avram), a quien sacaste de Ur de los Caldeos y le pusiste por nombre Abraham (Avraham); Y hallaste que su corazón Te era fiel, he hiciste un Pacto con el…» (Ne. 9:7-8)

Además de ser un hombre que camina en justicia aún antes de conocer a Dios, Abraham fue también el primer hombre en reconocer al Creador del universo como el único Dios, convirtiéndose en el primer monoteísta. Abraham es conocido como el «padre de todas las naciones». Y continúa narrándonos la Biblia:

> Y tomó Abram a Saray, su mujer y a Lot, hijo de su hermano, y todos sus bienes y las almas (probablemente esclavos) que habían adquirido en Jaran, y partieron en dirección a la tierra de Canaán. *(Gn. 12:5)*

Abraham era un nómada y como tal llegó a Canaán con Sara, su ganado y su gente y, aunque Abraham era viejo, la Biblia dice que Dios le dio vigor para engendrar el hijo que iniciaría su enorme descendencia y al cual llamaron Isaac, y a éste, Dios también le habló confirmándole las mismas promesas hechas antes a su padre:

> Y se le apareció el Eterno, que le dijo: «No bajes a Egipto. Habita en las tierras que te indicaré. Mora en esta tierra y seré contigo y te bendeciré, porque a ti y a tu simiente entregaré todos estos países y cumpliré el Pacto que hice con Abraham tu padre. Y haré que tu simiente se multiplique como las estrellas del cielo y daré a tu simiente todas estas tierras, y en tu simiente se bendecirán todos los pueblos de la tierra, porque Abraham escuchó Mi voz y cumplió Mis mandatos, Mis preceptos, y Mis leyes». (Gn. 26:2-6)

Isaac se casó con Rebeca, la hija de Betuel el arameo (sirio) de la tierra de sus padres. Y Rebeca concibió, y dio a luz gemelos. Pero, antes de que estos nacieran, un día que esta se quejaba del terrible malestar de su embarazo, dice que:

> Y el Eterno le respondió: «Dos pueblos hay en tu vientre, Y (con el tiempo) se separarán, un pueblo prevalecerá sobre el otro, y el mayor servirá al menor».

> Y cuando se cumplieron los días de la gestación, resultaron ser dos mellizos. El primero salió rubicundo, con la piel como manta de pelo, y le pusieron por nombre Esaú (Esav). Y después salió su hermano, cuya mano estaba asida del talón de Esaú, y le llamaron Jacob (Yaacov). Y tenía Isaac sesenta años cuando dio a luz Rebeca. Y crecieron ambos hijos, y fue Esaú un hombre de campo, diestro en la caza, en tanto que Jacob, hombre apacible, andaba más bien en las tiendas. (Gn. 25:23-27)

Según la costumbre de aquella remota época, cuando moría el padre, el hijo mayor tenía el derecho y el honor de ser el líder de la familia. En este caso, la bendición le correspondía a Esaú por ser el primero en salir del vientre de su madre, pero esto no sucedió así. No fue de esta manera porque un día Esaú regresó muy hambriento del campo y le ofreció a Jacob venderle su primogenitura por un plato de guisado que este estaba preparando y Jacob aceptó el trato (véase Gn 25:29-34).

Y continúa diciéndonos la Biblia que un día Isaac se sintió muy enfermo y, casi ciego y temiendo morir, hizo llamar a sus hijos para darles su bendición final. Jacob fue el primero en llegar y a quien Isaac bendijo con la bendición de la primogenitura.

> Que Dios te dé el rocío del cielo, la fertilidad de la tierra y abundancia de trigo y vino. Que te sirvan pueblos y se prosternen ante ti. Que seas amo de tus hermanos y los hijos de tu madre se inclinen ante ti. Malditos sean los que te maldigan y benditos sean los que te bendigan. (Gn. 27:28-29)

Cuando se enteró Esaú (aparentemente había olvidado que había vendido la primogenitura por un plato de lentejas) lloró y alzó la voz al padre exigiendo una bendición.

> Entonces Isaac su padre le dijo: «He aquí que tu morada será de fertilidad de la tierra y de rocío del cielo. Y por tu espada vivirás y servirás a tu hermano, y cuando te rebeles sacudirás el yugo de sobre tu cuello».
>
> Y odió Esaú a Jacob por la bendición que a este le había concedido su padre, y dijo en su corazón: «Se aproximan los días de luto por mi padre y entonces mataré a mi hermano Jacob». (Gn. 27:39-41)

Como dice el verso anterior, Esaú odió a Jacob por haber recibido la bendición del primogénito y prometió matarlo tan pronto muriera su padre, el cual parecía estar a punto de hacerlo. Entonces, para prevenir una desgracia, Rebeca le pidió a Jacob que huyera a las tierras donde vivía su hermano Labán. Con ello, Jacob emprendió su viaje a Padan-Aram (Mesopotamia) donde vivía su tío; durante el camino tuvo sueño, y se acostó y, mientras dormía, escuchó las mismas cosas que Dios le habló antes a su padre Isaac y a su abuelo Abraham.

> «Yo soy el Eterno, Dios de Abraham, tu padre, y Dios de Isaac. La tierra donde estás acostado te la daré a ti y a tu simiente, y tu descendencia será como el polvo de la tierra y se propagará hacia el oeste, hacia el este, hacia el norte y hacia el sur, y en ti y en tu simiente serán bendecidas todas las familias de la tierra. Y he aquí que estoy contigo y te guardaré dondequiera que vayas y te estableceré nuevamente en esta tierra, porque no te abandonaré hasta que haya hecho todo lo que te he prometido». (Gn. 28:13-15)

Y al despertar, Jacob llamó a aquel lugar *Bet-El*, que significa *Casa de Dios*. Después de esto, Jacob siguió su camino y llegó a su destino. Allí se casó, engendró hijos y también obtuvo muchas riquezas. Pero como todo en la vida tiene su tiempo y su propósito, después de muchos años Dios le ordenó a Jacob regresar a la tierra de sus padres. Obedeciendo al Eterno, Jacob tomó a sus mujeres, a sus hijos y todas sus pertenencias, y emprendió su camino de regreso hacia la tierra de Canaán.

Jacob recibe un nuevo nombre

De regreso, Jacob se enteró a través de sus mensajeros que Esaú aún procuraba matarlo. Se va entonces a un lugar apartado para orar y sucede que se durmió y, mientras dormía, dice la Biblia que Jacob peleó toda la noche con un ángel.

> Y cuando (el extraño) vio que no podía vencerlo, le presionó la articulación de la cadera, en su lucha en él y la descoyuntó. Y le dijo (a Jacob): «Despídeme (suéltame), porque llegó el alba». Pero (Jacob) le contestó: «No te despediré, salvo que me bendigas». Entonces le preguntó (el extraño): «¿Cómo te llamas?» Y contestó (Jacob): «Jacob». Y le dijo (el ángel): «Tu nombre ya no será más Jacob, sino Israel (Yisrael, «luchó con Dios»), porque has luchado con Dios y con hombres y has prevalecido». (Gn. 32:26-29)

Después de esta experiencia, Jacob llamó a ese lugar Peni El (P'niel, «rostro de Dios»), porque dijo: «He visto a Dios cara a cara y se salvó mi alma» (Gn 32:31). Dicen los sabios que fue después de esta experiencia que Jacob verdaderamente veneró al Dios de sus padres. Con toda su familia y pertenencias, Jacob regresó a la tierra de Canaán.

CAPÍTULO 2

¿Cómo llegaron los hebreos a morar en Egipto?

Una vez de regreso a Canaán, Jacob residía con su familia en la tierra de sus padres y, viviendo allí, surgió una gran hambruna sobre toda la tierra. Entonces, habiéndose escuchado que en Egipto había abundancia, diez de los doce hijos viajaron allí para comprar provisiones.

Pero antes de continuar con la historia de los hebreos en Egipto, es menester que hablemos de un incidente trascendental ocurrido entre los hijos de Jacob. Este dato une dos partes de la historia del pueblo hebreo, ayudándonos a comprender mejor al judío anterior y posterior a la esclavitud de Egipto.

Historia de José

La Biblia nos cuenta que, como suele suceder en cualquier familia de nuestros tiempos, los hijos de Jacob se quejaban de que su padre amaba más a uno de ellos. Y José era el vástago que de joven le contaba todas las cosas que hacían sus hermanos, y relataba los sueños que tenía, donde siempre decía verse reinando sobre ellos.

Sucedió que un día Jacob le regaló a José una túnica de muchos colores (un símbolo de distinción) y esto colmó la copa de los celos de sus hermanos. Fue tanto el coraje que planearon matarlo tan pronto estuviera con ellos en el campo.

Llegó el día esperado y, mientras planeaban cómo hacerlo, Rubén le sugirió a sus hermanos dejarlo en un pozo vacío que había cerca. Accediendo, después de quitarle la túnica, lo echaron al pozo que estaba lleno de escorpiones y se fueron. Lo que en verdad Rubén tenía en mente era regresar para rescatarlo, pero no pudo porque dice el texto original, que unos mercaderes madianitas que pasaban por allí lo sacaron y lo vendieron a otros mercaderes que viajaban a Egipto.

Luego a los jóvenes, confundidos y seguramente tristes al no saber qué podrían decir a su padre, se les ocurrió matar un cordero y empapar su túnica en sangre. De esta manera, cuando su padre les preguntó por José, le mostraron la túnica y figurándose Jacob que su hijo había sido devorado por una fiera del campo, lloró sin consuelo. Aunque lo vieron sufrir tanto, jamás se atrevieron a confesarle a su padre la verdad de lo ocurrido.

Los mercaderes llegaron con José a Egipto y lo vendieron a la casa de Potifar, donde mostró su talento y floreció. Pero, a pesar de lo que le hicieron sus hermanos, las penurias de este joven no habían terminado aún. Cuando las cosas le iban mejor, fue falsamente acusado de ultraje por la esposa de Potifar y fue a parar a la cárcel.

Sin embargo, lo que parecía ser otra desgracia, resultó ser parte de un plan divino, pues, una vez en la cárcel, se convirtió en el encargado de los presos y desde allí comenzó a difundirse por todo Egipto la sabiduría del joven hebreo, que era capaz de interpretar los sueños de todos sus compañeros. Cuando el Faraón escuchó esto, de inmediato pidió conocerlo; quería saber si este joven hebreo sería capaz de interpretar los tres mensajes oníricos que le atormentaban.

El Faraón no podía salir de su asombro al escuchar al joven explicarle claramente lo que querían decir sus sueños, los que le anunciaban la gran hambruna que vendría para toda la Tierra. Pero José no solo le interpretó los sueños, sino que también le detalló todo lo que debía hacer para prevenir que la hambruna tocara la tierra de Egipto. Y la admiración y el agradecimiento del faraón fue tal que no tardó en convertir a José en el gobernador de Egipto, el segundo al mando de aquel gran imperio de entonces.

Y llegó la gran hambruna

Cuando llegó la hambruna esperada y Jacob y sus hijos escucharon que en Egipto había alimentos, los diez hijos mayores viajaron a esta región a comprar provisiones. Pero estos no se imaginaban que con la persona con la que negociarían sería con el gobernador de Egipto, o sea, con aquel hermano que habían dejado abandonado hace años en un pozo.

Llegaron a Egipto y compraron sus víveres sin reconocer que el hombre que los atendía era su hermano, José. Sin embargo, este sí los reconoció de inmediato, pero guardó silencio. Dice la Biblia que un día, mientras estaban todavía en Egipto, José los escuchó lamentarse de lo ocurrido con aquel hermano que consideraban perdido, y se conmovió, pero permaneció todavía en silencio. Luce como si éste no sabía cómo manejar aquella situación que retaba a su corazón, no a su intelecto.

Pasaron unas y otras cosas y José permanecía en silencio. Pero un día, no pudiendo aguantar más, prorrumpió en llanto y les dijo a sus hermanos quién era en verdad, «Y al hacerlo lloró con grandes voces y lo supieron los egipcios y la casa del Faraón» (véase Gn 45:2).

José deseaba profundamente ver a su padre y tener junto a él a su pequeño hermano Benjamín, el hijo de Raquel, su madre muerta. Al enterarse el Faraón de la larga y conmovedora historia, como amaba a José, le pidió que los ubicara en Goshen, el área más fértil de la tierra de Egipto. Así fue como llegó Jacob (Israel) a Egipto con los hijos de sus hijos, con los hijos de sus hijas, con todos sus criados, y con todas sus pertenencias para morar con sus hijos; los componentes de las tribus de Israel. Y fueron «setenta» el número de hebreos que llegaron de Canaán para morar en Egipto. Y moraron los judíos allí por muchos años, ayudando a prosperar aún más al país. Pero, antes de viajar a Egipto, Jacob oyó la voz de Dios:

> Entonces le dijo (el Eterno): «Yo soy Dios Todopoderoso, el Dios de tu padre. No temas bajar a Egipto, porque haré de ti un gran pueblo. Bajaré contigo a Egipto y (cuando llegue el momento) te haré subir también, y José pondrá su mano sobre tus ojos. (Gn. 46:3-4)

Según los escritos hebreos, Jacob llegó a ser tan amado por todos que, cuando murió, hasta los egipcios lloraron por él. Y tal y como el Eterno le había prometido, fue su hijo José quien cerró sus ojos y quien llevó sus restos a Canaán para ser sepultado junto a sus padres.

Un nuevo Faraón teme a los hebreos

Con el amparo de José, los hebreos llegaron a convertirse en un pueblo fuerte y poderoso entre los egipcios, pero al morir éste, los egipcios comenzaron a temer al asombroso desarrollo geográfico de los judíos. Y esto es lo que dice la Biblia:

> Y murió José y (también) todos sus hermanos y toda aquella generación. Y los hijos de Israel fueron fecundos y se multiplicaron, fortaleciéndose cada vez más, y el país se llenó de ellos. Y levantose en Egipto un nuevo rey, que no había conocido a José. Y (el nuevo rey) le dijo a su pueblo:
>
> «He aquí que el pueblo de Israel se engrandece cada vez más y se vuelve más fuerte que nosotros. Obremos, pues astutamente con él para impedir que siga multiplicándose, no sea que haya guerra y se alíe a nuestros enemigos y pelee contra nosotros y logre salir del país».
>
> Entonces puso sobre los hebreos recaudadores de tributos y mayorales de trabajos forzados, obligándolos a edificar ciudades de almacenamiento para el Faraón, a saber, Pitom y Rameses (Ramses).

Más, cuanto más, los oprimían, más se multiplicaban y más rápidamente crecían, llegando (los egipcios) a hastiarse de los hijos de Israel. Y los egipcios hacían servir a los hijos de Israel con todo rigor, amargándoles la vida con pesados trabajos (de construcción) con barro y con ladrillos y con duras faenas en el campo. (En fin) en todas las tareas para las que se servían de ellos aplicaban el mayor rigor.

Y les dijo el Faraón a las parteras hebreas, una de las cuales se llamaba Sifra (Shifra) y la otra Puá: «Cuando asistiereis a las hebreas en sus partos, observad primero el sexo. Si fuere niño, lo mataréis, y si fuere niña, la dejaréis con vida». (Ex. 1:6-16)

Pasado mucho tiempo, murió el rey de Egipto y los hijos de Israel seguían oprimidos en su servidumbre y clamaron, y su clamor llegó a Dios. Y oyó Dios los gemidos de la gente y se acordó de Su Pacto con Abraham, con Isaac y con Jacob. Y vio Dios (los sufrimientos de) los hijos de Israel y se interesó por ellos. (Ex. 2:23-25)

En Egipto los hebreos sufrían la terrible esclavitud a la que, por celos, el Faraón les sometiera tratando de detener su crecimiento.

Salida de los hebreos de Egipto

Mientras esto ocurría en Egipto, había un hombre hebreo que vivía en la tierra de Madián, el cual de niño fue rescatado de las manos de las *parteras asesinas* y criado en el palacio como hijo de la hija del Faraón. Y a este escogió Dios junto a su hermano Aarón, para liberar a su pueblo de la terrible esclavitud en la que se encontraba.

> Y Fueron después Moisés y Aarón ante el faraón y le dijeron: «Así dijo el Eterno, Dios de Israel: "Envía a mi pueblo para que Me reverencie en el desierto". Y contestó el faraón: "¿Quién es el Eterno para atenderlo a Él y a Israel? No conozco al Eterno ni tampoco dejaré ir a Israel». (Ex. 5:1-2)

Después de muchos intentos pacíficos, Dios envió a la casa de Egipto una serie de plagas, esperanzado de hacer reflexionar al faraón de esta manera, pero este permaneció con la firme decisión de no dejar libres a los hebreos.

Entonces le dijo el Eterno a Moisés: «Ahora verás lo que haré al faraón, que con mano fuerte no solo los dejará ir, sino que los expulsará de su tierra».

Y le dijo también Dios a Moisés: «Yo soy el Eterno, que Me aparecí a Abraham, a Isaac y a Jacob como Dios Omnipotente, si bien con Mi Nombre no Me hice conocer. E hice un Pacto con ellos para darles la tierra de Canaán, la tierra donde habitaron. Y al oír el gemido de los hijos de Israel oprimidos por los egipcios, Me acordé de ellos. Por lo tanto, diles a los hijos de Israel: «Yo soy el Eterno y os libraré de los trabajos forzados en Egipto, y os salvaré de la servidumbre con brazo tendido y con grandes castigos (a los culpables). Y os consideraré pueblo Mío y seré vuestro Dios, y sabréis que Yo soy el Eterno, vuestro Dios, al redimiros de los trabajos forzados en Egipto. Y os llevaré a la tierra que juré dar a Abraham, a Isaac y a Jacob, y os la daré por heredad. Yo, el Eterno». (Ex. 6:1-8)

…mas tú le dirás al faraón: «Así dijo el Eterno: «Mi hijo primogénito es Israel. Te mando que dejes ir a Mi hijo para que Me sirva, mas si no le permites ir, he de matar a tu (propio) hijo primogénito». (E.x 4:22-23)

Y repentinamente aparecieron muertos todos los primogénitos de Egipto (hombres y animales). Hasta ese momento los egipcios no habían reconocido que los hebreos eran diferentes porque parecían tener un Dios distinto a los dioses que ellos servían. Las plagas bien podían atribuirlas a los fenómenos de la naturaleza, pero la muerte de los primogénitos fue un duro golpe al corazón del faraón quien de inmediato autorizó dejarlos ir.

Los hebreos habían seguido fielmente las instrucciones del Eterno y antes del amanecer salieron deprisa, pero no despavoridos, sino como un orgulloso ejército en marcha. Dios había preparado el escenario, pues hasta los perros tenían orden de no ladrar para no alertar a los egipcios con sus ladridos (véase Ex. 11:7).

Pero, al darse cuenta el faraón de lo que había hecho, enfurecido, los persiguió hasta lograr acorralarlos entre las aguas del Mar Rojo[4] y su poderoso ejército. Y cuando parecía que todo estaba perdido para los hebreos, Dios intervino.

> Y extendió Moisés su mano sobre el mar y
> el Eterno hizo soplar un fuerte viento solano
> toda la noche que puso el mar en seco, siendo

---

[4] Mar Rojo – Se le ha llamado así a un cuerpo de agua poco profundo, cuyo verdadero nombre es *Yam Suf* (Mar de los juncales).

divididas las aguas. Y entraron los hijos de Israel en el mar en seco, y las aguas fueron para ellos como muros a la derecha y a la izquierda. Y los persiguieron los egipcios y entraron tras ellos en el mar los caballos del faraón, sus carros y sus jinetes. Y al despuntar el alba se dirigió el Eterno, entre la columna de fuego y nube, al campamento de los egipcios sembrando el desconcierto entre ellos. Y quitó las ruedas de sus carros, de modo que apenas podían desplazarse penosamente. Entonces se dijeron los egipcios: «Huiremos de ante Israel, ya que el Eterno pelea por ellos contra Egipto».

Y le dijo el Eterno a Moisés: «Extiende tu mano sobre el mar y vuelvan a unirse las aguas sobre Egipto, sobre sus carros y sobre sus jinetes». Y extendió Moisés su mano sobre el mar y, ya de mañana, volvió el mar a su estado usual, cubriendo a los egipcios que huían y el Eterno los sacudió en medio del mar, de modo que no quedó de ellos ninguno.

Los hijos de Israel habían cruzado el mar en seco, con las aguas levantadas como muros a la derecha y a la izquierda. Y salvó el Eterno ese día a Israel de la mano de Egipto, quedando los egipcios muertos a la orilla del mar. Y vio Israel cuán grande se mostró el Eterno con los

> egipcios y temió el pueblo al Eterno y creyeron en Él y en Moisés Su siervo. (Ex. 14:21-31)

De esta forma, espectacular y milagrosa, salieron de Egipto los descendientes de Jacob protegidos por la mano poderosa del Altísimo, según lo antes prometido por Dios a sus padres. De aquellas setenta personas que entraron con Jacob a Egipto, la Biblia nos dice que en esta ocasión el número de las que salieron fue de «seiscientos mil hombres», sin contar a las mujeres, ni a los niños, ni tampoco a los muchos hombres no hebreos que salieron con ellos.

Y para que no olvidaran los hebreos este gran acontecimiento, Dios les ordena que todos los años, en el mes de Nisán, y por todas sus generaciones, celebrasen la Pascua (*Pesaj*) para que no olvidaran nunca que el Eterno los salvó con «Brazo Fuerte y Mano Poderosa» (Su mano izquierda, M*iddat ha Din*, Su atributo de estricta justicia; Su mano derecha (M*iddat ha Rachmim*, Su atributo de inmensa misericordia). Siguiendo estas instrucciones, los judíos celebran todos los años esta festividad con el mismo significado y siguiendo las mismas instrucciones que Dios les diera entonces. Y se ha convertido en costumbre en esta ocasión declarar la frase: «El próximo año en Jerusalén», cosa que se cumple en la vida de los muchos judíos que emigran a diario a Israel.

CAPÍTULO 3

La constitución del pueblo hebreo

Según el texto bíblico, después de salir el pueblo hebreo de Egipto, el Eterno los llevó al desierto, los hizo detener frente al Monte Sinaí y allí les entregó la «constitución"; las leyes y ordenanzas que en adelante debían cumplir.

El acontecimiento de esta entrega en el Monte Sinaí fue uno de tal trascendencia y esplendor, que quedó claro que este sería un caso único en la historia de la humanidad (ver Dt 4:33). Los hechos ocurridos allí no tuvieron comparación ni precedente alguno en la historia de ningún otro pueblo.

Y toda la multitud que había salido de Egipto, asentada en la falda del monte escuchó la voz de Dios que salía de la cima, demostrando así que la religión de los hebreos no se formó a partir de las palabras que Dios le hablara a un hombre solo y sin testigos, sino que todos los presentes escucharon.

Rabí Avahu dijo en nombre de Rabí Iojanán: «Cuando Dios entregó la *Torá*,[5] ningún pájaro gorjeó, ningún ave voló, ninguna vaca mugió, el mar no bramó. De hecho, ninguna criatura emitió sonido alguno. Incluso en el mundo espiritual, ningún ángel agitó un ala ni cantó alabanzas a Dios. En todo el mundo hubo un silencio ensordecedor cuando la Voz Divina dijo: «Yo soy el Eterno, tu Dios».

Aunque suele describirse la voz de Dios como «estruendosa», su descripción en el lenguaje hebreo es *kól demamá daká* (una voz apacible y delicada). Una voz que, ante tal silencio, inmovilizó y alertó a todos los presentes.

> Y todo el monte Sinaí humeaba al descender sobre la cima el Eterno en medio del fuego y era el humo como de horno, y sacudióse todo el monte. Y la voz del cuerno se intensificaba gradualmente, a medida que Moisés hablaba y Dios le respondía con voz tronante. Así descendió el Eterno sobre el Monte Sinaí. Y llamó el Eterno desde allí a Moisés, que subió. (Ex. 19:18-20)

---

[5] *Torá* - Nombre con el que se conoce en hebreo los primeros cinco libros de la Biblia escritos por Moisés. Es aquí donde se recogen todas instrucciones dadas por Dios al pueblo hebreo.

> Y le dijo el Eterno a Moisés: «Sube hasta Mí, hasta el monte, y espera allí que Yo te daré las tablas de piedra con la Ley y los preceptos que deberás enseñarles». Y levantáronse Moisés y su ayudante Josué (Yehoshúa) y subió Moisés al monte de Dios. Y les dijo a los ancianos (previamente): «Esperadnos aquí hasta que volvamos. Tendréis a Aaron y a Jur con vosotros para dirimir vuestros pleitos».
>
> Y subió pues Moisés al monte, que fue totalmente cubierto por la nube. Cernióse así la gloria del Eterno sobre el monte Sinaí, que quedó cubierto por la nube durante seis días, y llamó (Dios) a Moisés al séptimo día, de entre la nube. Y la gloria del Eterno parecía un fuego devorador sobre la cumbre del Monte, a los ojos de los hijos de Israel; Entró entonces Moisés en la nube sobre la cumbre y estuvo allí durante cuarenta días con sus noches». (Ex. 24:12-18)

Ésta es una breve porción del relato que nos da la Biblia sobre este acontecimiento tan espectacular y único en el mundo, evento que cambió no solo la vida de los hebreos, sino también la vida de toda la raza humana. La energía que este espectáculo emitía era tal, que ningún humano o bestia podía sobrevivir si traspasaba el límite.

Y entre las muchas enseñanzas que manaban de la cima del monte, Moisés y la enorme multitud escucharon la voz de Dios mismo dictándoles una ley de orden, de amor y de justicia social tan completa, que, a pesar de los siglos, no ha necesitado ser enmendada. Entre las muchas cosas, nos habla del respeto a los padres, de la mentira, del valor de la vida, de la fidelidad matrimonial, del respeto a la propiedad ajena, del perjurio, de la difamación, del prejuicio, de la balanza justa, del soborno, de la justicia salarial, del huérfano y de la viuda, del pobre, del impedido, del forastero, de los animales y hasta del descanso que merece el hombre trabajador y del que merece también la tierra que nos da sus frutos. Esta ley es tan perfecta que evidencia que es aplicable a todos los hombres y a todas las generaciones, pues amonesta hasta el burlarse del prójimo (*el bullying*).

Aquí algunos de los 613 artículos que contiene la constitución del pueblo hebreo (*mitzvot)*:

> Y dijo Dios todas estas palabras:
>
> Yo soy el Eterno, tu Dios, que te sacó de la tierra de Egipto, de la casa de servidumbre.
>
> No tendrás otros dioses fuera de Mi. No te harás escultura ni imágenes de lo que hay arriba en el cielo y abajo en la tierra y en las

aguas debajo de la tierra. No te postrarás ante ellas ni las servirás, pues Yo, el Eterno tu Dios, soy Dios celoso que castiga en los hijos los pecados de los padres hasta la tercera y cuarta generación de quienes me aborrecen, pero soy misericordioso hasta la milésima generación de quienes Me aman y cumplen mis mandamientos.

No pronunciarás el Nombre del Eterno, tu Dios en vano, porque no tolerará el Eterno que Su Nombre sea invocado falsamente.

Te acordarás del día de reposo (Shabat, sábado) para santificarlo. Seis días trabajarás y harás en ellos toda su labor, pero el día séptimo, sábado, lo consagrarás al Eterno, tu Dios, y ese día no harás labor alguna, ni tu ni tu hijo, ni tu hija, ni tu siervo, ni tu sierva, ni tu animal ni el extranjero que este en tu casa, porque en seis días hizo el Eterno el cielo, y la tierra, el mar y todo lo que hay en ellos, y descansó el día séptimo; por eso bendijo el sábado y lo santificó.

Honrarás a tu padre y a tu madre, para que se alarguen tus años en la tierra que te dio el Eterno, tu Dios.

No asesinarás (a tu prójimo).

No cometerás adulterio.

No robarás.

No darás testimonio falso contra tu prójimo.

No codiciarás la casa de tu prójimo, ni su mujer, ni su siervo, ni su criada, ni su buey, ni su asno, ni ningún otro bien de tu prójimo.

Y todo el pueblo oía los truenos y veía las llamas y, temblando de pavor, permanecía lejos. Y le dijeron a Moisés: «Habla tú con nosotros y te escucharemos, pero no hable Dios con nosotros para que no muramos». Y contestó Moisés al pueblo: «No temáis, pues Dios vino para probaros y para que vierais Su majestad y no pequéis». Y permaneció el pueblo (mirando lo que ocurría) desde lejos y Moisés subió frente a la espesa nube donde estaba Dios. (Ex. 20:1-21)

Y continúa instruyéndolos:

No Difundirás rumor falso. No ayudarás al malvado a ser testigo falso. No andarás tras la muchedumbre para hacer el mal, y no obrarás en un proceso inclinándote por la mayoría para desvirtuar la justicia. Y al pobre (por ser tal) no lo favorecerás en sus disputas.

Cuando encontrares un buey de tu enemigo o su asno extraviado, se lo devolverás.

Cuando vieres al asno del que te odia arrastrándose penosamente por carga pesada, no pasarás de largo, sino que lo ayudarás.

No pervertirás el derecho del pobre en su proceso. Te alejarás de toda mentira y no harás morir injustamente al inocente y al justo porque no justificaré al culpable de ello. Y no tomarás soborno, porque el soborno ciega el juicio más prudente y desnaturaliza las palabras de los justos.

No oprimirás al extranjero, porque vosotros conocéis el alma del extranjero, ya que lo fuisteis en tierra de Egipto.

Sembrarás tu tierra seis años y cosecharás su fruto, pero el séptimo año la dejarás (descansar), y comerán (de ella) los pobres de tu pueblo y lo que quede lo comerán los animales. Lo mismo harás con las viñas y los olivares.

> Trabajarás seis días, (por semana) y al séptimo descansarás, y también descansarán tu buey, tu asno, el hijo de tu sierva y el extranjero. (Ex. 23:1-12)
>
> Y cuando cosecharéis lo sembrado en vuestra tierra, no segaréis hasta el límite de su campo ni recogeréis las espigas caídas, ni rebuscarás tu viña ni recogerás el fruto caído de tu viña. Dejaréis todo eso para el pobre y para el forastero. (Lo ordeno) Yo, el Eterno, vuestro Dios. (Lv. 19:9-10)
>
> Y Le Dijo el Eterno a Moisés en el monte Sinaí: «Diles a los hijos de Israel: Cuando lleguéis a la tierra que os di, la tierra descansará por el Eterno. Seis años la sembrarás y seis años podarás tu viña y recogerás su fruto, pero el séptimo será de sábado (*shabat*, reposo) estricto para la tierra y para el Eterno: ni sembrarás tu campo ni podarás tu viña. Lo que crezca espontáneamente de tu cosecha (del año anterior) no lo recogerás y no vendimiarás tu viña silvestre. Será año de descanso para la tierra». (Lv. 25:1-5)

Dicen los sabios, que además de los códigos de ley, a Moisés le fueron revelados también, todos los misterios que rigen las leyes del universo. Y para asegurarse que los hebreos entendieran todos los pormenores de la llamada «ley escrita» (*Torá*), les fue dada lo que se conoce como, la «ley oral» *(Mishná).* Esta enseña como interpretar y cumplir las leyes que aparecen escritas, ampliando la interpretación de pasajes complicados.

El *Midrásh* [6]dice que todo lo que Dios ha querido comunicar a la raza humana comenzó en el monte Sinaí. Fue el origen de toda profecía posterior, ley, interpretación y secreto que tuvo la intención de ser revelado y promulgado a la raza humana. Tal es la importancia de ese emplazamiento geográfico.

La Biblia exalta la llamada ley de Moisés de la siguiente manera:

> «Y sobre el Monte Sinaí te volviste y hablaste con ellos desde el cielo y les diste preceptos justos y leyes de verdad, buenos mandamientos». (Ne 9:13).

> «¿Qué otro gran pueblo tiene leyes y preceptos tan justos como los que yo os enseño hoy?» (Dt. 4:8)

> «La ley del Eterno es perfecta, restauradora del alma. El testimonio del Eterno es seguro,

---

[6] *Midrash* – Literalmente significa estudio, interpretación. Los *Midrashim* (plural de *Midrash*) son parte de *Torá oral;* son enseñanzas contadas en forma de historias, que explican pasajes y leyes judías.

y hace sabio al simple. Los preceptos del Eterno son correctos y alegran el corazón, El mandamiento del Eterno es puro y alumbra los ojos. El temor del Eterno es sincero y dura para siempre. Los juicios del Eterno son absolutamente justos. Mas deseables son que el oro; si, más que el oro fino Y más dulces son que la miel y las gotas que destilan de los panales». (Sl. 19:8-11)

La relación de los hebreos con sus libros sagrados

La mentalidad y el corazón del hombre son las cosas que determinan su grandeza. Porque Dios no parece haber visto a los judíos simplemente como unos hombres que acababan de salir de la esclavitud; hombres que muchas veces se inclinaron a adorar a los dioses de Egipto. Él parece haber visto las intenciones y los deseos de sus corazones, el deseo de superación y la esperanza de una vida mejor. Aunque estos acababan de salir de la tierra de servidumbre, donde los hombres eran esclavos de sus dioses y del amor a la lujuria, ellos, por otro lado, tenían sus corazones puestos en una vida espiritual y física de niveles más elevados. Sin lugar a duda que Dios vio en los hebreos el potencial que necesitaba.

Los judíos creen que la palabra que Dios le encomendara en el monte Sinaí[7] (la *Torá*) no es solo un texto sagrado, es la palabra de Dios, y como tal no puede ser modificada, ni alterada ni siquiera con un punto. Ponerla en las manos de una gente que por siglos ha sido perseguida y se ha esparcido por todos los rincones del mundo, representó un gran reto para ellos. Pero estos han protegido con sus propias vidas los escritos sagrados, dándose muchos casos donde ambos perecieron. Eso le ocurrió, entre otros, al gran sabio de la *Mishná* Jananiah ben Teradion a quien los romanos, por ignorar su prohibición de enseñar, lo envolvieron en un rollo de la *Torá* y lo incendiaron. Pero milagrosamente hasta hoy, la *Torá* permanece intacta e inmutable y sus maestros continúan enseñando con profunda dedicación.

Los judíos nunca han cesado de estudiar y de enseñar a las nuevas generaciones; conocimiento que ha estado viajando inalterable a través de la cadena inacabable de sus grandes maestros y discípulos de todos los tiempos. El libro de *Pirkei Avot* [8](Ética de los Padres) 1:1, dice: «Moisés recibió la *Torá* en el Monte Sinaí y la entregó a

---

[7] Monte Sinaí – Montaña situada al sur de la península del Sinaí. Contrario a lo que se piensa popularmente, no es una montaña muy elevada. Es célebre por haber sido el punto geográfico que Dios escogió para entregar Su palabra a Moisés, conforme nos dice el libro bíblico del Éxodo.

[8] *Pirkei Avot*- Famosa recopilación de enseñanzas éticas de los rabinos del periodo de la *Mishnah*.

Josué, y Josué a los ancianos y los ancianos a los profetas, y los profetas la entregaron a los *Hombres de la Gran Asamblea*».[9]

Dicen los sabios que la *Torá* fue entregada en el desierto, para que nadie la reclame como propiedad absoluta.

Los Hombres de la Gran Asamblea (*Anshei Knesset HaGuedola*) – Grupo de 120 escribas, sabios y profetas, que vivieron en el periodo comprendido entre la etapa final de los profetas bíblicos que corresponde a los inicios del periodo del Segundo Templo.

CAPÍTULO 4

¿Desde cuándo son perseguidos y maltratados los judíos?

¿Han escuchado ustedes el término judicial que dice que la fuerza de la costumbre llega a convertirse en ley? Pues de igual forma una mentira repetida muchas veces llega a convertirse en verdad para muchos. Una de estas mentiras es la creencia de que los sufrimientos y los exilios de los judíos son el castigo de Dios por no haber recibido a Jesús, pero esto está muy lejos de ser verdad, pues lo cierto es que el odio inmerecido y los atropellos contra el pueblo de Israel comenzaron desde tiempos muy remotos; desde su origen mismo.

Aunque existen diversos intentos de justificación y explicación de estas actitudes violentas, lo cierto es que las acusaciones suelen ser falsas o banales, y no pueden en ningún caso validar genocidios o abusos. Casi ninguna civilización o grupo con una seña de identidad tan acusada, y con miles de años de historia, sigue vivo y activo hoy día, ya que lo normal era ser exterminado o asimilado.

Para vuestro análisis, expondré ahora algunos ejemplos de ataques en los cuales el pueblo judío ha sido víctima inocente, y las razones que están detrás de ellos:

El primer ataque terrorista contra los judíos

Después de haber salido los hebreos de los muchos años de servir como esclavos en Egipto, caminaban cansados y sedientos por el desierto, donde desesperadamente buscaban agua para calmar su sed. Angustiados, le piden a Moisés que les ayude para no morir de sed en el desierto y, ante su impotencia, Moisés clamó al Eterno por un milagro. Ocurrió que Dios hizo que de una roca comenzara a brotar un fresco manantial y, mientras los hebreos batallaban con esta y otras muchas adversidades, sorpresivamente fueron atacados por el ejército del malvado Amalec, rey de los amalecitas.

> E hizo Josué lo que le había indicado Moisés para combatir contra Amalec. Y Moisés, Aarón y Jur subieron a la cumbre de la colina. Y cuando alzaba Moisés su mano, dominaba Israel, pero cuando abandonaba su mano era Amalec el que llevaba la mejor parte en la lucha.

> Es que las manos de Moisés estaban cansadas, por lo cual (sus acompañantes) tomaron una piedra y la pusieron debajo de él para que se sentara. Y Aarón y Jur sostenían las manos de Moisés, uno a la derecha y el otro a la izquierda, con gran firmeza. Así Josué pudo debilitar a los amalecitas, a filo de espada.
>
> Y le dijo el Eterno a Moisés: «Escribe para recordatorio y ponlo en oídos de Josué como recordación, que borraré la memoria de Amalec de debajo del cielo».
>
> Y construyó Moisés un altar que llamó «El Eterno, mi bandera», Y explicó: «Porque alzó la mano contra el trono de Dios, habrá guerra del Eterno contra Amalec a través de las generaciones». (Ex. 17:10-16)

Esta historia, al igual que todas las historias de la Biblia hebrea, aparece para revelarnos un consejo espiritual. En este caso, nos dicen los sabios que el pueblo de Amalec representa «la duda», un mal que puede arruinar totalmente la vida del hombre. A esto se refiere, cuando Dios le pide a Samuel que estirpe el pueblo de Amalec desde su raíz (1 Sam. 15:2-3).

Pero, además de su sentido espiritual, literalmente esta historia nos muestra que no fueron los hebreos quienes iniciaron esta guerra, ellos solo se unieron y resistieron el ataque. Los hebreos no hicieron nada para provocar la guerra, pero sabiendo los amalecitas que en el desierto vale más el agua que las piedras preciosas, su codicia y su envidia los llevó a atacar a un pueblo desarmado y cansado para robarle el agua con que Dios los bendijo. Y en esta ocasión, como en muchas otras que veremos luego, estos se unieron y lograron vencer las fuerzas enemigas.

El plan de exterminio de los judíos de Persia

En Persia, durante los años en que reinaba el rey Asuero (siglo V a.e.C) sobre ciento veintisiete provincias, este firmó un edicto autorizando el exterminio de todos los judíos que vivían en ellas. Todo esto causado por la soberbia y la mediocridad de un hombre que servía como la mano derecha del rey. Este hombre, llamado Hamán, había obtenido un decreto del rey declarando que todo aquel que pasase junto a él tenía que hacerle reverencia como si fuera un dios, pero había un judío llamado Mardoqueo que se negaba a obedecer este mandato del rey.

> Y todos los súbditos del rey que estaban en la puerta del rey se inclinaban y arrodillaban ante Hamán, porque el rey así lo había

> dispuesto. Pero Mardoqueo no se inclinaba ni se prosternaba ante él. Entonces los súbditos del rey que estaban en la puerta del rey le preguntaban a Mardoqueo: ¿Por qué desafías la orden del rey?
>
> Y ocurrió que ellos, tras preguntárselo todos los días sin que él les prestara atención, se lo dijeron a Hamán, para ver en qué pararía la postura de Mardoqueo, por cuanto él les había dicho que era judío. Y cuando Hamán, observó que Mardoqueo no se inclinaba ni se prosternaba ante él, indignóse Hamán en grado sumo.
>
> Pero le pareció despreciable ante sus ojos levantar su mano sobre Mardoqueo solamente, ocurriéndosele destruir a todos los judíos que había en todo el reino de Asuero, por ser el pueblo de Mardoqueo. (Est. 3:2-6)

Y fue fijada la fecha para el exterminio, y teniendo los judíos la espada ya en sus gargantas, fueron milagrosamente rescatados al recibir instrucciones del rey de que podían defenderse del ataque de Hamán. Como resultado de esto, Hamán fue ejecutado en la misma horca que tenía preparada para ahorcar al judío Mardoqueo.

¿Qué crimen cometieron los judíos en esta ocasión para merecer la amenaza de exterminio? Su única falta fue la de ser fiel a sus creencias, resistiéndose a doblar sus rodillas delante de alguien que no fuera su Dios.

Antíoco Epífanes ataca a los judíos y sus creencias

Después de la prematura muerte del gran conquistador Alejandro Magno a los 33 años, su gran imperio helenístico[10] se dividió en tres reinados. Uno de ellos fue Siria, teniendo como rey a Antíoco de la dinastía seléucida (175-164 a.e.C.).

Antíoco, autodenominado Antíoco Epífanes, reconocido por su gran crueldad, después de atacar a Egipto llegó hasta Jerusalén y una vez allí saqueó el Templo, arrancó sus cortinas, robó todo el oro y los utensilios sagrados, pero, no contento con los estragos ya ocasionados y respaldado por su gran ejército, continuó matando y tomando cautivos a mujeres y niños. En adición a todo esto, prohibió el judaísmo, castigando severamente a todo judío que encontraran estudiando la *Torá* o ejerciendo cualquiera de sus prácticas religiosas.

---

[10] Cultura helenística – Podría decirse que es la mezcla de culturas de los territorios conquistados por Alejandro Magno.

Derramaron sangre inocente sobre el altar del Templo de Salomón, y en lugar de corderos sacrificaron cerdos en culto a sus dioses. Saquearon en esta ocasión no solo el Templo, sino a toda la ciudad de Jerusalén, convirtiéndola en una ciudad de pecado al imponer en ella sus leyes y costumbres paganas. Por esto, todo el pueblo de Israel estaba de luto; este es el período al que el profeta Daniel llama «la abominación desoladora».

Ante el poderoso ejército de Antíoco muchos judíos no pudieron sino huir, otros se sometieron y cometieron grandes sacrilegios contra su fe, pero no pudiendo aguantar el ardor de su corazón, un judío valiente llamado Matatías se levantó con sus hijos y decidió poner fin a aquella tragedia. Este episodio de violencia contra los judíos es parte de la historia registrada y se encuentra muy bien detallado en el libro de los Macabeos que, aunque no es uno de los libros de la biblia hebrea, es una legítima fuente de referencia histórica de hechos reales.

Cuando Matatías vio las injurias que se hacían a Dios en Judea y en Jerusalén, exclamó:

> «¡Qué desgracia! ¡Haber nacido para ver la ruina de mi pueblo y de la ciudad santa, y tener que quedarme con los brazos cruzados mientras que ella cae en manos de los enemigos y el Templo queda en poder de extranjeros!

> Su santuario está como un hombre que ha perdido su honor, los objetos que eran su gloria han sido llevados a otra parte, sus niños han sido muertos en las calles de la ciudad, sus jóvenes han sido acuchillados por el enemigo.
>
> No hay nación que no le haya arrebatado su poder real y que no la haya saqueado. Le robaron a Jerusalén todos sus adornos; de libre, pasó a ser esclava. Nuestro hermoso santuario que era nuestra gloria está en ruina; ¡los paganos los han profanado! ¿Para qué seguir viviendo? Y Matatías y sus hijos se rasgaron la ropa, se pusieron ropas ásperas y lloraron amargamente». (1 Mac. 2:6-14)

Los enemigos trataron de persuadir a Matatías ofreciéndole toda clase de privilegios y regalos. Pensaban que, siendo un hombre de gran honor y prestigio en el pueblo, les sería muy útil si lograban asimilarlo. Sin embargo, Matatías se resistió y la historia dice lo siguiente:

> Matatías respondió en alta voz: «Pues, aunque todas las naciones que viven bajo el dominio del rey le obedezcan y renieguen de la religión de sus antepasados, y aunque acepten sus órdenes, yo y mis hijos y mis hermanos seguiremos fieles al Pacto que Dios

> hizo con nuestros antepasados. ¡Dios nos libre de abandonar la ley y los mandamientos! ¡Nosotros no obedeceremos las órdenes del Rey, ni nos separaremos de nuestra religión en lo más mínimo!» (1 Mac. 2:19-22)
>
> Y enseguida gritó Matatías a voz en cuellos en la ciudad: «¡Todo el que tenga celo por la ley y quiera ser fiel al pacto que me siga!» (1 Mac. 2:27)

Y de inmediato se unieron a él sus hijos y otros judíos valientes, hasta formar un pequeño ejército desarmado y con muy poco entrenamiento. El ejército enemigo era veterano, poseían conocimientos militares y armas, además de manadas de peligrosos elefantes. Pero a pesar de todas las desventajas, después de muchos años de lucha, este puñado de judíos logró hacer huir al poderoso ejército griego, limpiar a Jerusalén y rededicar el Templo. Desde entonces reinó en la tierra de Israel la «dinastía real asmonea» establecida por los Macabeos (164-63 a.e.C.).

Una vez más, es evidente que los judíos no tienen que hacer nada para recibir el odio inmerecido de los pueblos; basta el solo hecho de ser diferentes en creencias, pensamiento, alimentación y vestimenta. Esta vez fueron atacados por un ejército dirigido por un hombre hambriento de riquezas y de poder.

Y en memoria a esta gran victoria es que el judío celebra todos los años la fiesta de Janucá o la «Fiesta de las luces»; una guerra donde el monoteísmo de los hebreos logró vencer sobre el politeísmo de los griegos.

CAPÍTULO 5

Roma busca borrar al pueblo judío de la historia

Desde que la nación de Israel fue conquistada por Pompeyo (63 a.e.C.), los judíos comenzaron a sufrir toda clase de acosos y atropellos por parte de los romanos; tanto los que vivían en las tierras de Judea, como los que vivían en la capital del imperio.

Una de las razones por las que Roma aborrecía a los judíos era porque estos se resistían a cumplir muchas de las crueles leyes romanas, adoptadas en su mayoría del helenismo de Alejandro Magno. Por ejemplo, se oponían a la ley que establecía que los padres que engendraran a un hijo con algún defecto estaban obligados a matarlo.

Eran mal vistos porque sus costumbres y sus creencias religiosas no armonizaban con los cientos de religiones que existían entonces en Roma. Su comida y su vestimenta eran diferentes y su ética se elevaba por encima de la ética y de las prácticas de los romanos. En lugar de creer en muchos dioses, los judíos creían en la existencia de un solo Dios que velaba por todos y que los responsabilizaba por el bienestar de los niños y de las personas menos afortunadas.

Los romanos eran muy ingeniosos, buenos militares, magníficos constructores y practicaban culto a cientos de dioses. Eran admiradores del cuerpo humano. Sus diversiones eran variadas, pero la más popular era acudir al Coliseo, una gran plaza circular donde presenciaban espectáculos grotescos, crueles y sangrientos mientras bebían y comían como si nada. El helenismo que tan orgullosamente los romanos adoptaron de los griegos enseñaba que «lo bello es divino», mientras que los judíos creían que «lo divino es bello».

Pero a pesar de que la mayoría de los romanos rechazaban a los judíos y los veían como sus enemigos, había muchos ciudadanos del imperio que se sentían atraídos por las virtudes de la religión de los judíos y se convertían al judaísmo. Y eran un número considerable, hecho demostrado más tarde por las grandes campañas llevadas a cabo por los Papas, las cuales tenían como fin detener el número de los llamados «judaizantes».

La gran revuelta de los judíos

Mientras gobernaba la dinastía de los Macabeos año 63 e.C., el general romano Pompeyo, a quien muchos llamaban *el adolescente carnicero,* entró con su ejército en Jerusalén; asesinando a gran cantidad de personas, ultrajó el *Lugar Santísimo* del Templo y convirtió el territorio judío en una provincia de Roma.

La tiranía de los romanos en contra de los judíos se acrecentaba cada día, hasta que, acosados por tanto abuso, en el 66 e.C. desafiaron el poder establecido y se negaron a continuar haciendo oraciones y sacrificios por los emperadores en el Templo, como ellos exigían. Mientras, un grupo de judíos valientes atacaban la guarnición romana que estaba en Jerusalén.

En la lucha feroz por recobrar su libertad política y religiosa, los judíos lograron defenderse y acabar con muchos romanos, pareciendo que su empeño iba a dar su fruto. Pero el emperador Nerón no estaba dispuesto a permitir que los judíos obtuvieran sus reclamaciones, y encargó sofocar la revuelta al general Vespasiano, uno de los militares más experimentados de Roma. Con este propósito movilizó un enorme ejército, bien equipado y entrenado. Los soldados romanos, sin piedad alguna, ultrajaron a las mujeres que encontraron a su paso, saquearon ciudades y aldeas, y asesinaron a todo judío que apresaron.

Los romanos masacran a los judíos y destruyen el Templo

Cuando Vespasiano fue nombrado emperador de Roma, dejó a su hijo Tito el encargo de acabar con la gran revuelta. Aunque los judíos continuaban resistiendo en la ciudad amurallada de Jerusalén, impidiendo la entrada a los ejércitos romanos, el tiempo no jugaba a su favor y comenzaron a debilitarse a causa del hambre y de las guerrillas internas. Y describe Rufus Learsi:

> «En la batalla por el Templo el épico problema llegó a su clímax. Los judíos acertaron enormes bajas a los romanos, destruyendo sus obras terrenales y derrotando sus atentados de escalar la pared con escaleras. Aun los arietes probaron ser inútiles y en el noveno día de *Av*, Tito ordenó que las enormes puertas que llevaban al patio interior fueran quemadas. Ardieron por una noche y un día y los legionarios pasaron por ellas. Los defensores agotados y hambrientos, a pesar de que se lanzaban una y otra vez a los escudos y espadas de los romanos, no pudieron hacerlos retroceder.
>
> Una rama ardiendo fue lanzada por un legionario y cayó en uno de los cuartos que

estaban alrededor del santuario. Y antes de que fuera extinguida, el Templo mismo estaba en llamas. El patio estaba conglomerado con una enorme multitud de gente; hombres, mujeres y niños que los legionarios enloquecidos por todo lo que habían sufridos a las manos de los judíos, indiscriminadamente mataron a todos. Ni aun Tito que estaba ansioso de salvar el Templo, pudo detener la furia de sus hombres. Los zelotes[11] murieron peleando hasta el último de ellos. Algunos se lanzaron sin armas hacia el enemigo otros se lanzaron a las llamas, no queriendo sobrevivir la destrucción del Templo». (Learsi, 1966, *Israel* p. 177)

Josephus por otro lado dice:

«Mientras ardía el Templo, tuvo lugar por parte de los romanos el saqueo de todo lo que se encontraban y una incontable matanza de todo aquel con quien se topaban, pues no hubo compasión por la edad ni respeto por la dignidad, sino que fueron degollados, sin distinción, niños, ancianos, laicos y sacerdotes. La guerra arrastraba a todo tipo

[11] Zelotes – Grupo de fervientes patriotas judíos que sostenían que, en la lucha, cualquier método estaba justificado si era para librarse de la esclavitud de Roma.

> de gente, tanto a los que suplicaban como a los que luchaban. Mientras el fuego se extendía, el ruido de las llamas se mezcló con los quejidos de los moribundos.
>
> Debido a la altura de la colina y a la magnitud de la construcción que ardía, uno podría pensar que era toda la ciudad la que ardía en llamas. Nadie podría imaginar nada más dominante y terrible. Se trataba del grito de guerra de las legiones romanas en su avance, el lamento de los rebeldes rodeados por el fuego y por las armas; entrampados corrían con pánico directamente hacia el enemigo a encontrar su destino. El clamor de la loma fue duplicado por las masas en la ciudad abajo. Y muchos que estaban desfallecidos sin poder hablar por el hambre, reunieron suficientes fuerzas para quejarse y llorar cuando vieron el Templo en llamas». (Josephus,F.,2017, *La guerra de los judíos*. p. 327)

El Templo fue destruido en el año 70 e.C. y cuenta la historia que durante esta guerra corrió tanta sangre en las calles, que los caballos la salpicaba con sus patas. Y la mayoría de los judíos que quedaron vivos eran amarrados con cadenas y vendidos como esclavos. Así fueron sacado de sus tierras y esparcidos los judíos por segunda vez en su historia, produciéndose su segunda diáspora[12].

En esta ocasión, entre los pocos que se salvaron, estuvo un grupo de zelotes que logró ocultarse con sus mujeres y sus niños en la loma del fuerte de Masada.[13] Y allí permanecieron a salvo hasta que en el año 73-74 e.C. los romanos los descubrieron y los acorralaron. Cuando vieron que todo estaba perdido, prefirieron suicidarse antes de verse obligados a practicar la idolatría de los romanos. De manera que, cuando los romanos llegaron, solo encontraron los cadáveres de casi mil personas contando las mujeres y niños judíos. Y con la caída de Masada, terminó esta gran revuelta.

La Escuela de Jabne

Cuando todavía los ingenieros romanos estaban destruyendo las paredes de Jerusalén, un reconocido maestro de la *Torá* llamado Johanan ben Zaccai, a quien

---

[12] Diáspora – Palabra originalmente usada en referencia a los judíos obligados a abandonar su país. Hoy se utiliza también para designar a cualquier pueblo, colectivo o grupo, que se encuentre disperso fuera de su país de origen. La primera diáspora (586 a.e.C.-537 a.e.C.), ocurrió como consecuencia de la conquista del rey Nabucodonosor II, quien después de destruir el primer Templo; los llevó cautivos a Babilonia.

[13] Masada – Fuerte construido por Herodes el Grande, donde se refugiaron muchos judíos después de la destrucción del Segundo Templo (70 e.C.).

habían logrado sacar de Roma oculto en un ataúd, se preocupó por la supervivencia de las enseñanzas. Sabedor de que el estudio de la *Torá* y las creencias del pueblo eran el mayor tesoro del que disponían; ya que los judíos siempre han sabido que es más fácil reponerse de una batalla física que de la pérdida de los sabios y los estudiantes. Este logró el permiso romano para instalar su escuela en la ciudad de Jabne; impidiendo que se interrumpiera el sagrado aprendizaje. Este lugar se convirtió en un famoso centro de estudio de donde salieron una innumerable cantidad de grandes eruditos; en este aspecto, los judíos permanecían triunfantes.

La revuelta de Bar Kojba (132-135 e.C.)

Habían pasado muchos años y acontecimientos después de la destrucción del Templo, pero el corazón de cada judío seguía latiendo por la libertad y la reconquista de Jerusalén. A los judíos que quedaron vivos, y no fueron vendidos como esclavos durante *la gran revuelta*, no se les permitía entrar en la ciudad de Jerusalén. Solo podían subir una vez al año para llorar y lamentarse junto al único muro que quedó en pie del destronado Templo y aparte de todas las prohibiciones, les obligaban a pagar altos impuestos aun sobre las que eran sus propias tierras.

Los romanos estaban convencidos de que lo que hacía a los judíos ser un enemigo tan fuerte era el amor a su religión y su apego a Jerusalén. Y sabiendo que los judíos era el único pueblo que estaba dispuesto a morir por su religión y que el amor por Jerusalén era su fuerza, pensaban que al tomar la ciudad de donde se desprende su fortaleza espiritual, podrían hacer desaparecer su historia.

Agobiados los judíos por el acoso de los romanos, en el año 132 e.C. se reunieron hombres provenientes de gran variedad de lugares, quienes dirigidos por un brillante y valiente zelote llamado Simon bar Kojba, se levantaron con furia contra los romanos. En esta batalla que duró tres años, murieron un gran número de romanos y por un corto espacio de tiempo los judíos obtuvieron su independencia y rescataron Jerusalén de manos del invencible imperio romano. Pero, finalmente, el poder de la fuerza militar de los romanos obligó a Bar Kojba y a su gente a huir a un fuerte llamado *Betar*, desde donde continuaron luchando y, cuando estaban a punto de vencer, fueron salvajemente aniquilados por las fuerzas romanas.

Entre los muchos judíos que murieron durante esta gran revuelta, estaba el notable Rabino Akiva ben Josef, a quien los romanos mataron arrancándole la piel con un peine de acero ardiente. Akiva expiró pronunciando la más sublime oración del pueblo judío: «*Shema Yisrael*,

Adonai Eloheinu Adonai Echad» (Escucha, oh Israel. El Eterno nuestro Dios es Uno. Dt. 6:4)

El odio de los romanos contra los judíos era insaciable. No conforme al mal físico causado, el emperador Adriano, quien tenía como misión acabar verdaderamente con los judíos y su historia, ordenó restaurar Jerusalén, pero no para ser la capital de los judíos, sino para convertirla en una ciudad romana. Para borrar su nombre le puso el de «Aelia Capitalina», con el templo de Júpiter al lado del antiguo templo de Salomón. Y con el propósito de borrar todo vestigio del pueblo judío, le cambió también el nombre de Israel por el de «Siria Palestina»[14].

Pero, a pesar de todo el terror que por tantos años manifestaran los romanos con el fin de exterminar a los judíos y su historia, la semilla inmortal de los judíos siguió creciendo, mientras que de aquel gran imperio solo queda el recuerdo. Y aunque los romanos controlaban el gobierno y las posesiones materiales, finalmente no le pudieron robar a los judíos ni su cultura, ni sus valores. Y, gracias a ello, podrían levantarse victoriosos una vez más. Por esto, muchos dicen que el pueblo judío simboliza la zarza de Moisés que, aunque ardía, nunca se consumía.

---

[14] Para más información sobre el nombre Palestina: (https://www.enlacejudio.com/2014/12/30/palestina-siempre-judia)

Cabe señalar aquí un dato muy curioso: El imperio romano es conocido como «el pueblo de Edom», el que según leímos antes en la Biblia, fue fundado por Esaú, el hermano de Jacob, fundador del pueblo de Israel. Pareciera como si la guerra que comenzó en el vientre de la madre de estos gemelos, y la amenaza de Esaú de matar a su hermano Jacob (Israel), aún no termina.

CAPÍTULO 6

La Iglesia y su relación con los judíos

Horacio Shipp, refiriéndose a la Iglesia dice algo que es imposible negar: «En su llama se han encendido lo mismo las hogueras de la Inquisición que la lámpara de Florence Nightingale»[15] (Shipp,H., 1959, *Creencias que han movido al mundo*, p. 188)

Las guerras «santas» de la Iglesia (1096-1291 e.C.)

La teología cristiana acepta que los judíos fueron el pueblo que Dios escogió para revelar Su palabra y Su soberanía al mundo. Pero alegan que fallaron en esta misión y por tal motivo Dios los desechó y creó con

---

[15] Florence Nightingale: Virtuosa joven enfermera, escritora y estadística británica, quien solía rondar los campos de guerra con una linterna buscando socorrer a los soldados heridos.

los gentiles un pacto nuevo. De esta manera, la Biblia hebrea quedó rezagada por la Iglesia, llamándola Antiguo o Viejo Testamento. Al igual que sus libros, los judíos comenzaron a ser cada día más rezagados por los cristianos de entonces. Lo que estos procuraban era que los romanos no los vincularan con los rebeldes judíos y perdieran por esto, el poder y el prestigio que gozaban entonces en Roma.

Esta creencia estaba muy bien arraigada en los cristianos de la época del feudalismo,[16] donde la mayoría ocupaban posiciones políticas y sociales de dominio. En esta época, el monopolio de la seguridad de la Iglesia recae en los nobles laicos o eclesiásticos, los mismos que controlaban castillos y monasterios. Y se unieron para crear ejércitos cuyo propósito principal era apoderarse de Jerusalén que estaba entonces bajo el dominio de los musulmanes, y atacar a todos los que identificaban como enemigos de la Iglesia, principalmente a los judíos, a quienes consideraban ricos y rebeldes, y así nacieron las «santas» guerras de las cruzadas.

La primera cruzada fue abanderada por el papa Urbano II (1095) en el concilio de Clermont, con la excusa de liberar la *Tierra Santa* del yugo de los musulmanes

---

[16] Feudalismo – Sistema económico, político y social de la Edad Media donde se dividía la sociedad en: nobleza, clero y campesinado; entre señores feudales y vasallos.

que la gobernaban entonces. La misión era también la de apresar a todos los que consideraban herejes o rebeldes a la Iglesia. Los cristianos respondieron a la llamada del papa y se enlistaron en el llamado «Ejército de Cristo» que habría de liberar a Jerusalén y enjuiciar a los infieles. El papa inflamó los corazones de los que le escuchaban con una serie de proclamas, a cuál más falsa, como que los infieles, los judíos incluidos, mataban y torturaban a los peregrinos que iban a arrodillarse ante el *Santo Sepulcro.*

La verdad es que todo era una maniobra para aumentar el poder de la Iglesia, añadiendo territorios, fieles y tesoros ajenos. En el concilio de Placencia (1095), unos meses antes del concilio de Clermont, el emperador bizantino Alejo I pidió ayuda al papa Urbano II en su lucha contra los turcos. Así que las cruzadas resultaron muy útiles para cumplir ese objetivo y ganar el favor del Imperio bizantino. De esa manera protegían Constantinopla, ya que los turcos deberían enfrentarse a los cruzados y no podrían invadirla.

Uno de los hombres que asistió al papa en la misión de reclutar soldados fue un monje conocido como *Pedro el Ermitaño.* Dicen que era muy elocuente y logró que muchas personas se unieran al ejército de las cruzadas. La gente tenía diferentes razones para hacerlo, pero la más atractiva era la indulgencia que ofrecía el papa: un perdón de todos los pecados para aquellos que realizasen el viaje a la Tierra Santa; una penitencia completa.

Otra gente se puso en marcha buscando una vida mejor, esperando encontrar la abundancia de leche y miel que se oía había en Canaán. Es por lo que muchos campesinos y pobres se unieron, viniendo a ser conocida como «la cruzada de los campesinos». Todo envuelto en una rústica capa de divinidad.

Los soldados tenían orden de combatir a todo aquel que no profesara las creencias de la Iglesia, considerándolos a todos infieles. Comenzaron atacando a personas asentadas en algunos lugares de Europa, en su mayoría judíos, los cuales vivían guardando unas costumbres y unas creencias que en nada armonizaban con las establecidas por el cristianismo y que encima, los tachaban de ser los responsables de la muerte de Jesús.

Y si a ese odio le sumamos la avaricia propiciada por el rumor de que los judíos poseían muchas riquezas, el desastre era ya inevitable. Frenéticamente inspirados por la pasión religiosa o por el interés de lucro, los soldados de las cruzadas atacaban y robaban sin piedad y mataban a todos los que rehusaban el bautismo. Les inspiraba la cruz, que era su símbolo de guerra, y su grito de batalla: *¡Deus vult! ¡Deus vult!* (¡Dios lo quiere! ¡Dios lo quiere!).

De esta forma comenzó la masiva persecución de los cristianos contra los judíos en Europa. Sin compasión alguna, estos soldados quemaban las sinagogas y las casas, en muchas ocasiones con las familias dentro. Eran tantas las víctimas que en una ocasión se registraron ochocientos judíos muertos en dos días. Se salvaban solo aquellos que, por temor a la muerte o por proteger a su familia, aceptaban el bautismo. Los que se negaban a ser bautizados sufrían una muerte horrible.

Y para señalar mejor el desprecio que sentían por ellos, y para que no fueran confundidos con los cristianos, el papa Inocencio III en el IV concilio de Letrán (año 1215), estableció que los judíos debían llevar un parcho o vestimenta especial identificativa, algo que luego repitieron otros movimientos represores a lo largo de la historia, como el nazismo. Después de todo, no fue de Hitler la idea de identificar a los judíos con una estrella amarilla en la ropa, él solo adoptó la idea previa del sumo pontífice de la Iglesia.

Cambiaron las lanzas por crueles mentiras

Además de estas horribles guerras, durante la época del Oscurantismo[17] los judíos de toda Europa sufrieron horribles abusos físicos y morales de manos de muchos

[17] Oscurantismo – Se definió históricamente como una época dogmática, donde se aplicaban un conjunto de estrategias para mantener sin instrucción a las clases populares.

líderes cristianos, causados por las grandes mentiras que se inventaba la gente de entonces.

La difamación y la mentira eran las armas más utilizadas, una forma muy eficaz de expandir con rapidez el odio y el desprecio inmerecido hacia los judíos. Y este odio se fue expandiendo, llegando a hacerlos responsables de todas las desgracias imaginables. En algunas ocasiones se les obligaba a confesar crímenes que nada tenían que ver con ellos, bajo amenaza de muerte si no lo hacían. Por ejemplo, en Suiza y en otros lugares, muchos judíos fueron torturados y obligados a confesar que habían sido los responsables de la gran plaga que destruyó gran parte de la población de Europa: la Peste Negra, o Peste Bubónica. Durante esa época masacraron muchos judíos en diferentes comunidades de Europa y otros lugares. Existe una colección de documentos de la historia judía titulada *Scattered Among the Nations* (esparcidos entre las naciones), editadas por Alexis Rubin, que habla de los judíos que fueron quemados en Estrasburgo y dice, entre otras cosas, que dos mil judíos fueron quemados en una plataforma de madera en su cementerio, y muchos niños fueron sacados del fuego y bautizados en contra de la voluntad de los padres.

Alegaban que los judíos causaron la plaga mediante el envenenamiento de las fuentes de agua potable, aun sabiendo que eran las mismas fuentes de agua que ellos también usaban. Como castigo, asesinaron a muchas familias y los niños menores de siete años fueron adoptados para criarlos como cristianos. La gente estaba tan cegada por el odio que no podían ver la multitud de judíos que morían a diario a causa de la misma plaga.

Además del inmenso odio que sentían los cristianos de entonces por los judíos, también los culpaban porque notaban que el número de muertos judíos era algo menor que el resto de la población. Pero tenía una explicación: en la Europa medieval, la higiene no era considerada un factor importante para la prevención de enfermedades, mientras que los judíos practicaban siempre las rígidas reglas de limpieza señaladas en sus libros sagrados. Y aunque a través de una bula papal el papa Clemente VI exoneró a los judíos de tal acusación, el castigo continuó por mucho tiempo más, hasta confirmarse que todo era causado por ratas y por la falta de higiene.

Influenciados por los Padres de la Iglesia y ciertos líderes de entonces, los judíos eran vistos como enemigos de Dios y de los cristianos y por eso se les culpaba de cosas absurdas. Los acusaban de toda suerte de cosas. Existe aquello conocido como los «libelos de sangre»,[18] donde en varios tiempos y en muchos lugares de Europa y fuera de esta, culparon a los judíos de asesinar a los

---

[18] Facing History- El Poder de una Mentira *Libelos de Sangre* (1144-1500) (https://www.facinghistory.org › default › files) PDF

niños cristianos para drenarles la sangre para utilizarla en sus ceremonias.

Por ejemplo, en el año 1144 los acusaron de haber secuestrado a un niño cristiano (Guillermo de Norwich) y drenado su sangre; calumnia que se esparció por toda Europa y por muchas partes del mundo, que causó el asesinato de la delegación judía que participaba en la coronación de Ricardo Corazón de León (1157-1199). En 1190 todos los judíos de Norwich fueron asesinados en sus casas, solo se salvaron los pocos que se consiguieron refugiar en el castillo de Norwich. ¡El odio hacia los judíos era imparable! En el año 1290 fueron expulsados de Inglaterra y no se les permitió regresar hasta cuatro siglos después.

Otra historia que adquirió gran popularidad fue la del asesinato del niño Hugh de la ciudad de Lincoln, Inglaterra (1255). Esta historia se inmortalizó con una balada compuesta de insultos y de falsas acusaciones en contra de los judíos. Y se hizo tan popular que fue publicada con mucho éxito en un famoso cancionero de entonces. Acusaciones similares y casos aún más patéticos ocurrieron en muchos otros lugares del mundo, con el solo fin de manifestar el odio hacia los judíos.

Todo esto es muy irónico, pues *no ingerir sangre* es un mandamiento que aparece en los escritos sagrados judíos, algo que estos han cumplido siempre con gran celo, además de lo macabro y poco verosímil del acto, claro está (Lv 3:17; 7:26; 17:10-14; Dt 12:15-16; 12:23-25).

Otra cosa que podía considerarse un chiste ridículo, si no fuera por los muchos judíos que murieron por esta causa, fue el llamado *robo de hostias.* En esta ocasión, se les acusó de robar las hostias sagradas para torturarlas y sacarle sangre, pues estas láminas de harina se transformaban en la carne y cuerpo de Cristo a través de la transustanciación. La explicación de la supuesta sangre que ellos veían en la hostia era un tintado causado por el *Micrococcus prodigiosus,* una bacteria que produce marcas escarlatas en las comidas rancias que se encuentran almacenadas en lugares húmedos. Todas estas cosas eran grandes mentiras que nunca pudieron ser evidenciadas.

Los judíos de este tiempo vivieron rodeados del salvajismo y de la violencia de los años de oscurantismo. Los cristianos de esa época repetían la acusación de que los judíos eran los hijos del diablo, que estos no eran seres humanos, sino criaturas de satanás y aliados del demonio, declaraciones que se encuentran en los escritos de muchos de los más famosos padres de la Iglesia.

En una época sombría por el oscurantismo, donde la supervivencia era difícil, los líderes europeos habían encontrado en los judíos el chivo expiatorio perfecto para dirigir la ira y miedo de la gente común, para que de esta manera estos no fijasen su objetivo en el verdadero enemigo del pueblo, en aquellos que eran los que los explotaban y mantenían en la ignorancia y la miseria. El antisemitismo[19] demostró ser un aliado perfecto para controlar a las masas usando personas inocentes que no habían perjudicado en modo alguno a sus comunidades. Es más, en la mayoría de los casos, aportaban riqueza y saber allí donde se encontraban. Lo que no es comprensible es que todavía haya personas que crean muchas de estas calumnias y falsedades tan obvias. El florecimiento imparable de los judíos era la inspiración de sus perseguidores y asesinos.

Lo anterior es el resultado de la campaña de salvajismo, ignorancia y engaño, que durante muchos años desplegó el cristianismo en Europa y en otras partes del mundo en contra de los judíos. Guerras organizadas con el solo fin de subyugar la libertad de criaturas que también fueron creadas por Dios para disfrutar de la libertad de elección en cuanto a su estilo de vida, costumbres y pensamiento. La arrogancia y el deseo de poder de algunos cristianos los llevaron a cometer crímenes horrendos en contra del pueblo judío.

La perseverancia en ser un pueblo diferente en vestimenta, comidas y creencias es lo que ha convertido

---

[19] Antisemitismo – Tendencia o actitud de hostilidad sistemática hacia los judíos.

siempre a los judíos en un pueblo despreciable a ojos de aquellos que creyeron los falsos rumores y la propaganda de la Iglesia. El río de sangre inocente provocado por la persecución de la Iglesia al pueblo judío es profundo y caudaloso y la lista de exilios incontable. Pero, a pesar de todos estos sufrimientos, sus prácticas religiosas y su amor al aprendizaje han ayudado siempre a los judíos a elevarse en todas las ramas del arte y del saber, aun por encima de la oscuridad de los tiempos y por encima de todo el maltrato recibido.

CAPÍTULO 7

La Inquisición y la «Santa» Inquisición

La Inquisición fue un modelo institucional creado por la Iglesia Católica cuya función era suprimir la herejía, la cual en la era medieval europea se castigaba, en muchos casos, con la muerte. Se buscaba inquirir y castigar los casos de cualquier cosa que la Iglesia considerara herejía para así conseguir reconciliar al hereje con la Iglesia, de modo que pudiera recibir la «salvación eterna». Buscaban en especial combatir la herejía de los judaizantes, aquellos judíos que habían aceptado el bautismo durante las cruzadas y continuaban practicando a escondidas las tradiciones de sus antepasados.

La primera se creó en 1184 por la bula papal *Ad Abolendam* de Lucio III, en Languedoc, Francia. Se formó para combatir la llamada herejía de los cátaros o albigenses.[20]

La siguiente apareció en 1231 mediante la bula papal *Excomunicamus* del papa Gregorio IX. Esta era dirigida por el papa y controlada por la orden de los Dominicos.

En 1252 se forma a partir de la bula *Ad Extirpando* del papa Inocencio IV, llamado Vicario de Cristo.

En 1478 se establece el «Santo Oficio» (Santa Inquisición) en España mediante la bula papal *Exigit sincerae devotionis effectus* del papa Sixto IV, autorizando a los Reyes Católicos a proceder.

Antes que interviniera el papa Inocencio IV, las personas culpables de herejía eran castigadas con el destierro y la confiscación de sus bienes, pero para obligarlas a confesar, el papa Inocencio IV (1252) autorizó las horribles torturas que hicieron tan famosas a las Inquisiciones.

Desde 1184 hasta 1834 hubo muchas Inquisiciones en diferentes partes del mundo, pero la más conocida fue la que se formó por petición del rey Fernando V de Castilla y la reina Isabel I de Castilla en España. La reina era una ferviente católica y pidió al papa una autorización para erradicar la herejía dentro del pueblo cristiano. El papa

---

[20] Cátaros o Albigenses – Secta cristiana gnóstica (XI-XII) la cual desafió el poder de la Iglesia, que consideraba sus doctrinas heréticas.

Sixto IV accedió y el 1 de noviembre de 1478 emitió su bula papal, autorizándolos a proceder.

Los reyes entonces emitieron el decreto real y los inquisidores comenzaron a trabajar a partir de la promulgación, llegando a su punto más crítico en 1483 con Tomás de Torquemada como jefe de la Inquisición. Era el más cruel de todos los inquisidores españoles, asesino despiadado, que adquirió su fama al ejecutar las más horrendas torturas para obligar a las personas a confesar que eran herejes.

Finalmente, los reyes Fernando e Isabel de España respaldados por la Iglesia, decidieron expulsar a todos los judíos que no eran fieles a la conversión a que les habían obligado cuando las cruzadas, y los llamaban cerdos o marranos, incluyendo también a los que nunca se habían convertido al cristianismo.

Con la excusa de proteger la pureza de la fe de la Iglesia, la intención iba algo más allá de las razones religiosas. Con este golpe, además de granjearse el beneplácito de Roma, también se hacían dueños de las posesiones de los expulsados, algo que necesitaban de manera urgente, pues después de la reconquista de los musulmanes, las arcas reales estaban vacías. Y el día 31 de marzo de 1492 se firmó el decreto de expulsión de los judíos de España.

Se hicieron esfuerzos enormes por parte de la comunidad judía para tratar de paralizar el decreto real, como la petición de un famoso erudito de la *Torá*, el judío más poderoso de España en ese momento, Isaac ben Judah Abravanel, quien les ofreció a los monarcas una enorme suma de dinero y casi los convence. Pero intervino el fraile Torquemada, quien tenía muy buena relación con la reina, y lo impidió. Y aunque le ofrecieron quedarse, este prefirió exiliarse con sus hermanos judíos.

La expulsión de los judíos coincide con la fecha en la que Cristóbal Colón partió en su famosa expedición. Hay muchas evidencias que apuntan al hecho de que Cristóbal Colon era judío, pero esto no ha sido confirmado. Lo que sí se sabe es que Colón contó con la ayuda del gran ingenio de los judíos, quienes habían inventado herramientas de navegación como el cuadrante y el globo astral, que se utilizaba entonces, y sin las cuales no habría podido alcanzar el nuevo continente. El cuadrante fue inventado por Rabí Levi ben Guershon, conocido como Guersónides, quien llamó a su invento, *el bastón de Jakob.*

Los judíos expulsados de España viajaron a Portugal, pero allí la situación era similar y al cabo de cinco años les ordenaron convertirse al cristianismo. Sin embargo, a diferencia de España, Portugal no quería perder las valiosas aportaciones de este pueblo y les prohibieron irse, bautizando a la fuerza a los niños y convirtiéndolos en masa.

Los miles que llegaron a Turquía fueron bien recibidos. Y el sultán del Imperio otomano, Bayezid II, se asombró por la incapacidad del rey de España para ver el preciado tesoro que suponía la comunidad judía y al expulsarla, él la recibió con los brazos abiertos. Este imperio floreció durante los años venideros. Es como si se hubiera cumplido la palabra que dice: «Y bendeciré a los que te bendigan...» (Gen. 12:3). Sin duda, este ha sido un patrón muy marcado en la historia de los judíos a través de su peregrinaje por las grandes ciudades del mundo; ayudan a levantar el país y luego los expulsan.

La Inquisición ha pasado a la historia por su crueldad extrema, torturas y falta absoluta de piedad. La forma más común de matar a los herejes era quemarlos en la hoguera, pero si la persona aceptaba besar la cruz, se le evitaba el dolor de las llamas y se le estrangulaba. Se extendió por todos los países bajo la influencia de la Iglesia Católica. Tuvo su tiempo de máximo apogeo durante la Edad Media[21] y subsistió seis siglos. La abolición de este sangriento *cuerpo de justicia religiosa* se realizó en un proceso de cuatro etapas. Comenzó en el año 1808 con

---

[21] Edad Media – Periodo en que el cristianismo controlaba casi en su totalidad todos los sectores de la sociedad, tanto económicos como políticos. Comienza con la caída del imperio romano de occidente (476) hasta la caída del imperio del oriente (imperio bizantino 1453) o hasta el descubrimiento de América (1492).

Napoleón Bonaparte y se abolió definitivamente en el año 1834.

En el caso del Holocausto se hicieron y aun se siguen haciendo todos los esfuerzos posibles para condenar a los asesinos, pero en lo referente a la Inquisición, no hay evidencias de que se hiciera justicia alguna, por lo que son crímenes históricos que quedaron impunes.

CAPÍTULO 8

El legado de los Padres de la Iglesia

Hasta aquí hemos visto algunos de los muchos crímenes que por décadas se han cometido contra el pueblo judío, pero, hay un crimen que, a mi juicio, ha sido el peor y este es; la difamación. La propaganda difamatoria que arrojaron los padres de la Iglesia en contra de los judíos en los primeros siglos causó y sigue causando estragos en la vida de los judíos hasta el día de hoy. Sus mentiras siguen siendo el combustible que mantiene viva en el corazón de muchas personas, la llama de odio contra los judíos. Veamos algunos ejemplos de lo que todos debíamos conocer:

Jerónimo (342-420) y Agustín de Hipona (354-430) – Estos fueron los que comenzaron a enseñar que en los judíos se cumple la parábola de la higuera que comenta Jesús: «Y nunca nazca de ti fruto» (Mr.11:12-14). Desde entonces ha estado circulando por el mundo la creencia de que los judíos fueron desechados y maldecidos por no haber aceptado a Jesús.

Ambrosio, obispo de Milán (340-397) - Uno de los más reverenciados padres de la Iglesia hasta el día de hoy. Durante su obispado en el año 388 incitaba a los cristianos a quemar las sinagogas y establecía que si estos querían construirlas nuevamente tenían que pagar. Dicen los escritos que el emperador Teodosio se opuso a ello, pero Ambrosio, aprovechando un día en que el emperador se encontraba presente en la Iglesia, anunció que no auspiciaría la misa hasta que este no se retractara de su oposición. Y de esta forma, Teodosio se vio obligado a imponer leyes en contra de los judíos.

Juan Crisóstomo (347-407) - Mientras Ambrosio dispersaba su antisemitismo desde su obispado, había otro haciendo lo mismo en Antioquía. Por su elocuencia, se le conocía como «Juan Boca de Oro», y era un hombre muy querido de la Iglesia. En el siglo XIX, el clérigo protestante R.S. Storrs lo describió como un alma brillante, animosa, gentil... un corazón sensitivo. Pero, todas estas maravillosas virtudes no se reflejaban en su trato a los judíos. Algunas de las cosas que afirmaba sobre los judíos eran las siguientes: Solamente saben una cosa, satisfacer sus estómagos y emborracharse para matar. La sinagoga es peor que un burdel... una guarida de escorias y donde se reúnen las bestias salvajes... templo de demonios... devotos a cultos idólatras... la caverna de los demonios.

Estas son algunas de las cosas que podemos ver en *Las homilías Adversus Iudaeos* de Juan Crisóstomo.

Martín Lutero (1483-1546) – Este es un caso para ser considerado aparte. Desafiando el poder del papa, Martín Lutero denunció públicamente la maldad que estaba cometiendo entonces la Iglesia. De esta manera, logró dividirla y creó su propio movimiento religioso; por eso es conocido como «el Padre del Protestantismo».

A raíz de su separación de la Iglesia, Martín Lutero reconocía el valor de los judíos y así lo expresaba, pero cuando estos se negaron a escuchar su elocuente mensaje comenzó a atacarlos severamente. Y con su corazón lleno de odio y desconocimiento de las verdaderas creencias religiosas de los judíos, descargó un gran número de insultos y amenazas. Entre sus famosos escritos se encuentra una tesis llamada *Sobre los judíos y sus mentiras*, obra compuesta de 65.000 palabras insultantes contra judíos. Veamos solo unos párrafos de la extensa tesis de este hombre tan venerado:

> Ya me he convencido de no escribir más sobre los judíos o en contra de ellos. Pero desde que me enteré de que aquellos miserables

> y malditos no cesan de ser un engaño para ellos mismos y para nosotros los cristianos. Yo he publicado este pequeño libro para que yo pueda ser encontrado entre aquellos que se oponen a las actividades ponzoñosas de los judíos y como alguien que advierte a los cristianos para que no baje la guardia contra ellos. (Lutero, M.,1543, *Sobre los judíos y sus mentiras*, p.1.)

Y continúa diciendo Lutero:

> ¿Qué debemos hacer, nosotros cristianos, con los judíos, esta gente rechazada y condenada? Dado que viven con nosotros, no osamos tolerar su conducta ahora que estamos al tanto de sus mentiras, sus injurias y sus blasfemias. De hacerlo, nos convertimos en cómplices de sus mentiras, maldiciones y blasfemias. Ese no es el modo de extinguir el insaciable fuego de la ira divina del que hablan los profetas, ni es el modo tampoco de convertir a los judíos. Con plegarias y el temor a Dios debemos practicar una intensa piedad para intentar salvar de las llamas al menos a algunos. No osamos vengarnos. Una venganza mil veces peor de la que nosotros pudimos desearles ya

los tiene agarrados de la garganta. He aquí mi sincero consejo:

En primer lugar, debemos prender fuego sus sinagogas o escuelas y enterrar y tapar con suciedad todo lo que no prendamos fuego, para que ningún hombre vuelva a ver de ellos piedra o ceniza. Esto ha de hacerse en honor a Nuestro Señor y a la cristiandad, de modo que Dios vea que nosotros somos cristianos y que no aprobamos ni toleramos a sabiendas tales mentiras, maldiciones y blasfemias a Su Hijo y a sus cristianos. Pues Dios perdonará todo lo que toleramos en el pasado sin saberlo —de lo cual yo mismo no estaba al tanto— Pero si ahora que estamos al tanto protegiéramos para los judíos una casa levantada justo en frente de nuestras propias narices, en la que mienten sobre Cristo y sobre nosotros, en la que nos blasfeman, maldicen, vilipendian y difaman (como lo oímos más arriba), sería como estar haciéndonos a nosotros mismos todo esto e incluso cosas peores, y eso lo sabemos muy bien. (p. 92)

En segundo lugar, también aconsejo que sus casas sean arrasadas y destruidas. Porque en ellas persiguen los mismos fines que en sus sinagogas. En cambio, deberían ser alojados

> bajo un techo o en un granero, como los gitanos. Esto les hará ver que ellos no son los amos en nuestro país, como se jactan, sino que están viviendo en el exilio y cautivos, como incesantemente se lamentan de nosotros ante Dios. En tercer lugar, aconsejo que sus libros de plegarias y escritos talmúdicos, por medio de los cuales se enseñan la idolatría, las mentiras, maldiciones y blasfemias, les sean quitados. (p.92)

Y apasionadamente continua Lutero:

> Pero si tenemos miedo de que pudieran dañar a nuestras esposas, hijos, sirvientes, ganado, etc., en el caso de que tuvieran que servirnos y trabajar para nosotros —lo cual es razonablemente lógico dado que estos nobles señores del mundo, y venenosos y resentidos gusanos no están acostumbrados a trabajar y además se mostrarían muy renuentes a rebajarse de tal modo frente a los malditos goy, entonces emulemos el sentido común de otras naciones como Francia, España, Bohemia, etc., calculemos junto con ellos cuánto nos ha arrancado la usura, dividámoslo, dividámoslo conciliatoriamente, pero luego expulsémoslos del país para siempre. Porque, como sabemos,

> la ira de Dios contra ellos es tan intensa que la piedad diplomática sólo hará que sean cada vez peores, en tanto que una piedad estricta no los reformará más que un poco. Por tanto, de cualquier modo, ¡afuera! (pp. 94-95)
>
> Por tanto, no debemos considerar que la boca de los judíos es digna de pronunciar el nombre de Dios al alcance de nuestros oídos. Quien oiga este nombre pronunciado por la boca de un judío debe informar a las autoridades, o bien, cuando lo vea, arrojarle materia fecal de cerda y echarlo. (p. 105)

Y para cerrar con broche de oro su gran escrito, Lutero dice:

> He aquí el ensayo, caballeros y queridos amigos, que habéis suscitado en mí con vuestro folleto de un judío demostrando su habilidad en un debate con un cristiano ausente. Gracias a Dios, este judío infame no sería capaz de hacerlo en presencia mía. Mi ensayo, espero, pondrá a disposición de los cristianos (que de cualquier modo no desean convertirse en judíos) material suficiente para que no sólo se defiendan de los ciegos y venenosos judíos, sino también para que se vuelvan el enemigo de la maldad, las mentiras y las maldiciones de los

> judíos, así como también para que entiendan que las creencias de estos ladinos son falsas y que sin dudas están poseídos por todos los demonios. Que Cristo, nuestro querido Señor, los convierta misericordiosamente y nos ampare incondicionalmente en nuestro conocimiento de Él, que es la vida eterna. Amén. (p. 119)

Quisiéramos que esto fuera todo, pero la lista de insultos y funestas mentiras de este, y de muchos otros de los Padres de la Iglesia en contra de los judíos, es interminable. Sin duda que estos grandes lideres, dejaron un legado tan poderoso, que ha servido para mantener viva la llama de odio contra los judíos por muchas décadas. La difamación y la mentira son en efecto, armas muy poderosas para encender un infierno de odio entre la gente. Fue por esto, que después que Hitler y su gente lograron difamar a los judíos con tanto éxito, muchos estaban convencidos de que matar a un judío era un acto de heroísmo.

Hitler era un ferviente admirador de Lutero porque sentía que su campaña de odio y desprecio por los judíos estaba muy bien respaldada con sus escritos. Muchos alegan, que además de otras excusas utilizadas, el pogromo de *Kristallnacht* (la noche de los cristales rotos) fue una forma de celebrar el aniversario del cumpleaños de Martín Lutero.

En conclusión y basándonos en los datos históricos, podemos atestiguar que nada ha causado más dolor al pueblo judío y por más tiempo, que el antisemitismo desplegado por líderes de la Iglesia a través de las décadas. Entonces, no es de asombrarse que el judío no mire «la cruz» como un símbolo de amor y salvación, sino como uno de odio, persecución y sangre.

Acto histórico – El Papa Juan Pablo II pide perdón al pueblo judío por todo el dolor causado por la Iglesia y coloca en el Muro de los Lamentos en Israel su nota donde lo expresa (26 de marzo de 2000).

Dios de nuestros padres,
tú escogiste a Abraham y sus descendientes
para llevar Tu Nombre a las Naciones:
Estamos profundamente acongojados
por el comportamiento de
aquellos que, en el curso de la
historia, han causado que tus hijos sufran, y pidiendo
tu perdón, deseamos
comprometernos a una genuina
hermandad con
el pueblo de la Alianza. *Firmado: Juan Pablo II*

https://mfa.gov.il/MFA/ABOUTISRAEL/HISTORY/PAPALVISIT/PAPAENISRAEL/Pages/Visitas-papales-en-Israel.aspx

CAPÍTULO 9

El Holocausto, el infierno alemán que nadie olvida

En efecto, da la sensación de que el pueblo de Israel mide de forma misteriosa la conciencia de los pueblos. Este capítulo podría servirnos para concienciarnos, para hacernos ver claro que todos somos responsables de la estabilidad del mundo. La incertidumbre y el caos político-social y religioso que experimentamos a diario nos provocan analizar cómo es que un pueblo se deshumaniza poco a poco y sin que nos demos cuenta. Los tenebrosos mensajes que recibimos a diario y la plataforma corrupta que sostiene a muchos de nuestros líderes nos infunde algo de temor.

El odio es adictivo y contagioso, y hasta cierto punto todos estamos expuestos a su contaminación. No hay pueblo que se libre de la corrupción del odio y, cuando esto pasa, lo primero que buscan sus líderes es cambiar su modo de gobernar.

Será coincidencia, o decreto supremo, pero existe un patrón innegable que se destaca a lo largo de la historia: los judíos han ayudado a muchos pueblos a escalar la cumbre, a lograr su época de oro con sus inventos, su arte, sus grandes obras literarias, sus pensadores, su sorprendente ingenio y su firme dedicación, hasta el día que, sin una excusa válida, los comienzan a rechazar, a matar y a expulsar de las tierras sin ninguna compasión. A raíz de esto, lo que el mundo ha visto a través de la historia es la destrucción o el retroceso de estos mismos pueblos, como fue entre otros, el caso de Roma, Alemania y España.

La estabilidad y el progreso de un pueblo se mide por la conciencia de su gente. Como hemos mencionado, muchos pueblos poderosos se han debilitado o derrumbado, viniendo a ser solo el recuerdo de otro imperio caído. Tal vez se pueda usar la religión para afirmar lo que trato de decir. Es como si de verdad existiera en algún punto del universo, una balanza que mide a diario nuestro respeto propio y nuestro amor al prójimo. En el caso de Sodoma y Gomorra solo se requería la justicia de muy pocas personas para salvar al pueblo, pero todos se habían convertido en gente insensible, ególatras, degenerados, sin tolerancia, y sin un rasgo de empatía (ver Gn. 18:20-33).

Cuando vemos que un pueblo se comienza a deshumanizar y vemos que matar a un grupo de personas inocentes, como las once personas asesinadas y las seis heridas dentro de una sinagoga en Pittsburgh, Pensilvania (27 de octubre 2018), es solo una noticia más; algo anda mal y es hora de preguntarnos dónde está asentada verdaderamente nuestra conciencia colectiva. Si no vemos la seriedad del asunto, tampoco veremos que en cada hombre y en cada mujer existe un orgulloso tirano esperando el momento perfecto para hacer su entrada. El odio y la intolerancia son producto de mentes y corazones vacíos, que solo procuran alimentar su ego, cerrando sus oídos al grito de dolor de sus semejantes. Espero que esta historia sirva para despertar conciencias; la necesidad es eminente en el mundo entero.

Adolf Hitler, El *Führer*

Y yendo al tema que nos atañe ahora, hablemos del Holocausto, del infierno alemán que nadie olvida. Se llamó Holocausto a los horrendos crímenes cometidos durante la Segunda Guerra Mundial (1939-1945) por Adolf Hitler (el *Führer*, el líder) y sus crueles soldados. Las víctimas de esta tragedia no eran todas judíos, pero los alemanes se aseguraron de «que todos los judíos fueran víctimas».

Hitler nació en Austria un 20 de abril de 1889. Aunque intentó destacarse en la pintura y en otras ramas artísticas, no logró nada en ninguna de ellas. Odiaba la pobreza y soñaba con el poder de la raza aria, la cual consideraba superior a todas las demás razas del mundo. Muy joven viajó a Viena con el fin de matricularse en la Academia de Artes. Aunque no lo logró, allí tuvo noticia de los éxitos obtenidos por el partido Nacionalista Cristiano Antisemita de Viena. Esto le fascinó y comprendió el poder de la propaganda política y la agitación de masas.

Sus fracasos continuaron, esta vez en los exámenes militares, aunque se las arregló para enrolarse y servir en el ejército alemán durante la Primera Guerra Mundial. Luego, a través de un amigo, Röhm Ernst, consiguió un trabajo como oficial del ejército en Múnich. Como tal, asistió a las reuniones del Partido Nacionalsocialista Obrero Alemán (partido nazi). Allí se distinguió como un agitador de masas. Difundió su doctrina de odio racial y desprecio por la democracia.

Hay varias teorías que tratan de explicar la razón por la cual Hitler odiaba tanto a los judíos, pero la más aceptada es que quería culpar a los judíos de la nefasta situación económica del país tras la Primera Guerra Mundial. Muchos soldados, Hitler incluido, no aceptaban la derrota de Alemania y creían que había sido una traición orquestada por los socialistas, comunistas y, en particular los judíos. Tenían la convicción firme de que se trataba de una «puñalada por la espalda». Ignoraron, o bien obviaron, que muchos judíos alemanes pelearon y murieron en el frente defendiendo a Alemania junto al resto de sus soldados.

En definitiva, no se sabe con exactitud la razón por la que Hitler odiaba tanto a los judíos, pero sí sabemos que le atormentaba que fueran prósperos, y él mismo se denominada un fanático antisemita. Hitler consideraba a los judíos como una raza inferior que no podía ser cambiada; que merecía ser eliminada. Convencido de esto, y tratando de glorificar su raza aria, encontró un fuerte apoyo popular al introducir el concepto de que la exterminación de todos los judíos era la salvación de Alemania. Muchos escucharon su mensaje y aplaudieron la terrible e inhumana medida.

En su libro *Mein Kampf* (1925), Hitler describe los problemas y busca una solución que lleva consigo la victoria racial y cultural de su raza aria frente a los judíos. Describe sus pensamientos con todo lujo de detalles y acusa a los judíos de ser los responsables de una conspiración internacional para controlar el poder económico mundial. Destaca cómo manejan la prensa, y les atribuye la invención del marxismo y la democracia liberal, la promoción de la prostitución y el vicio, y el uso de la cultura como medio para esparcir el caos. El libro también contiene toda una extensa lista de insultos o calificativos de todo tipo, generalizando en forma indebida a todo un pueblo como si fueran una única persona.

Hitler describió a los judíos como parásitos, mentirosos, sucios, ingeniosos, resbalosos, dispuestos, astutos, vividores, mediocres, gusanos, chupadores de sangre, repulsivos, inescrupulosos, monstruos, extraños, amenaza, hambrientos de sangre, avariciosos y destructores de la raza aria; el enemigo mortal de la humanidad aria.

La historia nos dice que el odio que sentía Hitler por la pobreza, de la cual fue víctima, su fanática devoción hacia su herencia aria y su odio hacia los judíos, se combinaron para ser su doctrina política.

Hitler inicia su horrendo plan contra los judíos

Después que Hitler asumió el poder en Alemania (1933), el 15 de septiembre de 1935 en la ciudad de Nuremberg, se crearon una serie de leyes, conocidas como, **Las leyes de Nuremberg**. Estas leyes de carácter racista y antisemita establecían que nadie que fuera judío podía tener los mismos derechos que un ario, prohibían casarse o tener relaciones sexuales con personas de sangre alemana y con el fin de empobrecerlos, se adueñaban de todos sus negocios. Se cesó a todo judío que ocupaba puestos de importancia, y se les prohibió estudiar en las universidades. Esta serie de leyes daba el soporte legal que los alemanes necesitaban para dar paso a la discriminación y persecución de los judíos; el comienzo de la limpieza y purificación de su raza aria que tanto Hitler anhelaba. Ya para el 1938, los judíos habían sido marginados y despojados de todos los derechos civiles.

El 9 de noviembre de 1938 hubo un estallido de violencia donde los diferentes pogromos[22] asesinaron a muchos judíos y destrozaron todas las sinagogas y todo establecimiento que pudiera ser identificados como de ellos. Este evento es conocido como ***Kristallanacht*** (La noche de los cristales rotos).

A esto siguieron las restricciones y abusos para con todos los clasificados judíos, niños incluidos. La violación de estas leyes era suficiente para comenzar a enviarlos a los diferentes campos de concentración.

Hitler enloquecía con el sueño de crear en Alemania y en todos sus territorios ocupados, un vacío que sería repoblados por una raza aria pura. Y para lograrlo no

---

[22] Pogromo – Saqueo y matanza de gente indefensa, especialmente judíos, llevada a cabo por una multitud.

solamente tenía que acabar con todos los judíos, sino también con todo sujeto que pudiera estropear su plan. Para acelerar su desquiciado proyecto, los alemanes crearon unos escuadrones llamados ***Einsatzgruppen*** (escuadrón móvil de exterminio en masa). Sus operaciones se efectuaban de sorpresa y con extrema rapidez, entraban en los pueblos y arrestaban a los judíos, los obligaban a desnudarse y marchar por campos abiertos y desolados donde fusilaban a la multitud.

Entre el 28 y el 30 de septiembre de 1941, este escuadrón de asesinos llegó a las afueras de Kiev, capital de Ucrania, donde después de reunir a los judíos, los conducían hasta un barranco llamado *Babi Yar.* Una vez allí, fusilaron a casi 34.000 judíos en 48 horas. Cerca de este lugar oculto entre árboles, estaba una clínica de enfermos mentales y todos fueron traídos y fusilados junto a los judíos. En la «masacre de *Babi Yar*» se reportaron alrededor de 100.000 personas asesinadas. Este evento es recordado como la matanza en masa más grande perpetrada por los alemanes nazis.

Pero, esta no fue la única masacre cometida por los alemanes del *Einsatzgruppen,* pues esta era su encomienda. En Ucrania, el 4 de agosto de 1941, llegaron a una región llamada Ostrog, juntaron cerca de diez mil judíos y los dirigieron en fila hacia las afueras. Bajo un calor de sol sofocante, les obligaron a sentarse en pequeños grupos y luego a desnudarse frente a unas zanjas ya excavadas. Una vez alineados, estos seres monstruosos pasaban el día fusilando judíos. Al atardecer, por falta de luz, detenían su operación y regresaban con su disminuido desfile para continuar luego. Esta era una forma rápida de exterminar el mayor número de judíos posible.

Los guetos

Los judíos que estaban más cerca de la República Alemana sufrían otro tipo de experiencia: fueron separados del resto de la población en lugares llamados «guetos»[23] donde eran constantemente vigilados por los soldados alemanes. Dicen que esta práctica les parecía más divertida, porque allí los judíos que vivían en estos infernales lugares, eran obligados a trabajar hasta que morían de malnutrición y de epidemias. Pero antes de morir, los alemanes se habían asegurado de haberles agotado sus últimas fuerzas con duros trabajos y construyendo las armas y el equipo militar que utilizaban en contra de ellos mismos.

El número de guetos crecía según crecía el número de territorios ocupados por los alemanes y todos ellos representaban una macabra pesadilla para sus residentes, judíos o no. Su fin era agrupar a todos los judíos y a todo

---

[23] Guetos – Comunidades insalubres y cerradas en donde obligaban a vivir a los judíos en España, Alemania y en otros lugares del mundo.

aquel que los alemanes consideraban inútil e indeseable, para hacer más fácil y rápida su exterminación.

Las cámaras de gas

Aunque ya antes Hitler había anunciado su gran deseo de eliminar a todos los judíos de Europa, nadie pensó que llevaría a cabo tal amenaza, pero por desgracia, su plan era muy real. Cuando los alemanes supieron que su derrota era inminente, pues los aliados ya habían formado un frente de resistencia potente y la guerra daba un giro en su contra, se desesperaron porque no les iba a dar tiempo a llevar a cabo su plan de exterminio masivo de judíos, tanto en Alemania, como en los territorios ocupados. En ese momento decidieron poner en marcha el plan acordado en enero de 1942, conocido como *la solución final*: el uso de cámaras de gas para acelerar el genocidio y para bajar el costo de las balas que tanto necesitaban para continuar la resistencia.

Comenzaron entonces a atestar trenes; todos con destino a los diferentes campos de exterminio. Todos los marcados para ser asesinados, debían caminar desnudos hasta las cámaras de gas. No se diferenciaban ni por edad ni por sexo. Una vez que terminaba el proceso, los guardias alemanes abrían las puertas y sacaban los cuerpos. Si quedaba alguien vivo, lo remataban a golpes. Los cuerpos eran troceados con hachas. Les quitaban cualquier sortija que pudieran tener aún puesta, les arrancaban los dientes de oro, les cortaban el cabello, y luego, como si fueran animales muertos, los amontonaban para ser quemados para evitar epidemias. ¡Las montañas de cuerpos calcinados eran enormes!

Uno de los centros de exterminio más famoso fue el de Auschwitz, donde llegó un momento que fijaron una cuota de 35.000 judíos muertos al día. El lema allí era: «*Aquí se entra por la puerta y se sale por la chimenea*».

Testimonio de Elie Wiesel, sobreviviente del Holocausto

Este joven describe su propia experiencia al llegar al campo de concentración de Auschwitz:

> A medianoche y muy bien escoltados por los guardias alemanes, llegamos al campo de concentración de Auschwitz. De inmediato, vi el humo de las chimeneas y sentí un repugnante olor. El guardia que nos vino a recibir gritó: «¡hombres a la izquierda, mujeres a la derecha!».
>
> Sentí la mano de mi padre apretando la mía, mientras veíamos a mi hermana y a mi madre perderse en la multitud. Alcanzamos a ver a mi madre acariciando tiernamente el lindo pelo de mi hermana. Sentí un horrible dolor.

Sabía que jamás volveríamos a verlas, pero seguí caminando agarrado de la mano de mi padre. Detrás noté como se desplomaba un anciano, mientras un soldado se acomodaba nuevamente el revólver en su bolsa. Cogí la mano de mi padre y me dije: «Al menos no estoy solo, me queda mi padre».

Entonces escuché, sin poder ver, una voz tensa y débil de alguien que me preguntó:

—Mira muchacho, ¿qué edad tienes?
—Aún no tengo quince.
—¡No! Tienes dieciocho.
—Pero… si aún no tengo quince.
—Tonto, exclamó. Oye lo que te digo… tienes dieciocho.

Luego, dirigiéndose a mi padre, le hizo la misma pregunta. Escuché cuando mi padre le contestó:

—Cincuenta.
—No, no tienes cincuenta. Tienes cuarenta. ¡Entiendan, dieciocho y cuarenta!

(Entendió que el anciano trataba de prepararlos, sabiendo que pronto serían interrogados y que la determinación de ser enviados al lugar de trabajo o al exterminio; dependería de sus edades y de sus fuerzas).

Continuamos la marcha hacia la plaza, cuando se detuvo frente a nosotros el doctor Mengele, conocido oficial alemán, famoso por su crueldad. Frente a sus soldados y frente a los dos grupos que formábamos los judíos, se dirigió a mí y me preguntó:

—¿Qué edad tienes?
—Dieciocho, contesté.
—¿A qué te dedicas?

Iba a decir: estudiante, cuando escuché una voz, y obedeciéndola, dije:

—Agricultor.

Aún no sabíamos cuál sería el grupo destinado al exterminio y cuál sería enviado a trabajar, pero me alegraba saber que mi padre aún permanecía a mi lado. Pues, a donde fuera, sería más fácil si él estaba conmigo.

Mientras nos acercábamos al lugar de las chimeneas, vi unas llamaradas gigantescas en las que ardían un sin número de infantes. Entonces, me pellizqué y dije: – «¿Estoy todavía vivo? ¿Estoy despierto? ¡No! ¡No puedo creerlo! ¿Cómo puede ser esto? ¡No puede ser cierto que están quemando a la gente… a los niños, y que el mundo permanezca en silencio! No, nada de esto puede ser cierto. Esto es una pesadilla. Pronto despertaré y estaré de vuelta en la habitación de mi casa junto a mis libros».

Me despertaron las palabras de mi padre que decía: «Es una vergüenza que no te hayan dejado ir con tu madre». Expresando así que no podría resistir el dolor de ver que me quemaran frente a sus ojos.

Entonces, temblando le dije:

—No le importamos nada a la humanidad. Padre, si esto es así, yo no voy a esperar aquí. Voy a correr a los alambres eléctricos; pues eso será mejor que una muerte lenta entre las llamas.

Entonces, escuché a mi padre orar:

—*Yit-ga-dal v'yit-ka-dash sh'mei-raba* (sea Su Nombre bendito y glorificado, oración judía relativa a la muerte).

Por primera vez sentí que mi corazón se revelaba contra Dios.

—¿Por qué he de bendecir Su nombre? El Eterno, Rey del Universo, el Todopoderoso y Terrible, se ha callado. ¿Por qué tengo que darle las gracias?

Continuamos nuestra marcha y nos acercamos cada vez más al lugar de donde salían las llamas - todavía faltaban seis metros y nos acercábamos, mientras yo me mordía los labios para que mi padre no escuchara el crujir de mis dientes. Quince pasos para llegar... diez... ocho... siete... Marchábamos lento, como siguiendo el paso de nuestro propio entierro. Cuatro pasos más, tres pasos... y directamente frente a nosotros se encontraba el hoyo y las llamas.

Saqué todas las fuerzas que me quedaban para irrumpir de las filas y lanzarme sobre el alambre de púas. Desde lo más profundo de mi corazón me despedí de mi padre y del universo entero. Pero a pesar de mi dolor y desesperación, las palabras se formaron y lograron salir como un murmullo ahogado de mi garganta hasta mis labios:_*Yit'ga-dal výit-ka-dash-sh'mei-ra-ba*_.

El momento había llegado, estaba frente al ángel de la muerte y mi corazón se desgarraba.

> Pero a solamente dos pasos del hoyo, fuimos ordenados a virar a la izquierda. Apreté la mano de mi padre… Nunca olvidaré mi primera noche en aquel campamento que cambió mi vida, ni olvidaré jamás aquel humo que subía hasta el cielo. Wiesel, E. (1985) *The Night Trilogy*, pp. 38-43.

Elie Wiesel fue un famoso escritor, ganador del Premio Nobel de la Paz en 1986. Dedicó su vida a escribir y hablar sobre el Holocausto, con la firme intención de que nunca se repita en el mundo otra barbarie similar. Murió en el 2016 como un hombre respetado y lleno de honores.

El gueto de Varsovia

Una de las historias más conmovedoras es la de Adina Blady Szwajger. Esta joven trabajaba como enfermera en el hospital de niños del *gueto* de Varsovia, donde presenció y vivió el dolor de los niños. Dice que a diario llegaban numerosos pequeños que vagaban solos, enfermos y desnutridos, pidiendo ayuda. Dice ella que los niños tenían una mirada de adulto, porque el dolor les había robado la ternura y la inocencia. En su libro *I Remember Nothing More* (No recuerdo nada más), cuenta cómo era testigo de la muerte de cientos de niños de todas las edades, la mayoría por culpa del tifus, la tuberculosis, y la desnutrición. Los cadáveres eran envueltos en periódicos y amontonados para ser recogidos como basura.

Además del hospital de niños, el gueto de Varsovia se recuerda por ser el lugar donde ocurrió la revuelta más grande de judíos contra los alemanes (1943). Usando tan solo unas pocas armas convencionales, y muchas otras improvisadas como palos o piedras, los débiles judíos lograron resistir durante un tiempo a los soldados que estaban muy bien equipados y alimentados. En la capital polaca se levantó un monumento en honor a los héroes de aquella revuelta, donde la mayoría fueron fusilados y los otros deportados a diferentes campos.

Las sinfónicas del Holocausto

En medio de todo este dolor, los músicos judíos eran obligados a formar orquestas para entretener a los amantes de la buena música. Los alemanes utilizaban la música para todo, especialmente para impresionar a la gente durante todas sus actividades políticas y sociales y, sobre todo, para disfrazar y ahogar los gritos de dolor de los presos. Por ejemplo, durante la gran masacre de *Babi Yar,* los alemanes instalaban grandes bocinas que amplificaban una música alegre mientras en las orillas de las macabras zanjas fusilaban a multitudes de judíos.

Además de tocar para divertir a los alemanes con sus bellas interpretaciones, las orquestas estaban obligadas a acompañar los desfiles de esqueléticos trabajadores del campo cuando salían y entraban al gueto. La orquesta de cada gueto podía estar compuesta de músicos judíos y alemanes, pero en el momento de tocar la música que acompañaba al desfile de los sentenciados a las cámaras de gas, todos los músicos tenían que ser judíos. Y cuando el desfile estaba compuesto por niños destinados al exterminio, les obligaban a interpretar dulces canciones de cuna.

Entre los grandes músicos judíos conque contaban los alemanes, podemos mencionar algunos nombres como: Anita Lasker-Wallffisch (violonchelo), Fania Fénelon (pianista-compositor y cantante), Zofia Czajkowska (directora de orquesta), Henry Meyer (violinista), Szymon Laks (compositor y violinista) Stroumsa, Jackques (violinista), Esther Bejarano (acordeonista y cantante). Y Alma Rose, famosa violinista, directora de la orquesta de mujeres del gueto de Auschwitz.

Dicen que Alma Rose era la favorita de los alemanes, a muchos de los cuales, hacia llorar con su violín, pero sin que esto cambiara en nada sus perversos corazones. Fue la única persona fallecida en un gueto a quien los alemanes permitieron cubrirla con un manto blanco y poner flores sobre su cadáver.

Pero el sufrimiento del Holocausto no ha sido en vano

La experiencia del Holocausto retumbó en todo el planeta y, aunque dejó el corazón de los judíos hecho pedazos, salieron adelante con el propósito de ayudar a construir una sociedad mejor. Después del Holocausto se crearon y se enmendaron muchas leyes con el fin de proteger los derechos humanos. Se acrecentó la práctica de levantar grupos de protesta para obligar al gobierno a revisar las cosas que les parecen impropias al pueblo. También comenzaron a prohibirse las manifestaciones de intolerancia religiosa, incitación, acoso o violencia basadas en el origen étnico o creencias religiosas. Y esto mismo también se ha implantado prácticamente en todos los países desarrollados y democráticos.

Los judíos no buscan la compasión de los hombres porque saben que eso no cambiará el pensamiento colectivo de las gentes que los odian. Con el mismo espíritu que los ayudó a resistir las penurias y crueldades del pasado, están siempre listos para afrontar el futuro.

Muerte de Hitler

Adolf Hitler fue uno de los asesinos más grandes que han existido en la faz de la Tierra. Y para coronar su espectacular vida de criminal, el abril 30 de 1945, al darse cuenta de su derrota total, se suicidó junto a la mujer con quien acababa de casarse (Eva Braun). Las tropas rusas encontraron ambos cuerpos, pero lo mantuvieron en secreto por muchos años como parte de su estrategia propagandística.

Al final de todo, el pueblo alemán pasó a la historia como el único perdedor de dos guerras mundiales, y la muerte de millones y millones de personas cayeron en las conciencias de los que apoyaron un movimiento fascista antisemita y genocida. Por todo el mal causado, por el arte y los tesoros perdidos durante esta época macabra, los alemanes, conscientes de lo ocurrido, han buscado compensar a los judíos.

CAPÍTULO 10

Los héroes no judíos del Holocausto

A las afueras del *Yad Vashem* (*Fundación del Recuerdo*), memorial dedicado a las víctimas del Holocausto en Israel, se encuentra un paseo sembrado de árboles conocido como: *La Avenida de los Justos.* Este es un tributo en memoria a todas las personas no judías que arriesgaron sus vidas, sus familias y todo lo que poseían por salvar a los judíos del Holocausto. La siguiente lista contiene algunos de los héroes de esta escalofriante época.

Albert Battel: Oficial alemán y abogado que resistió a los soldados alemanes para salvar a los residentes del gueto de Przemyśl en Polonia. Se salvó de ser arrestado y ejecutado porque llegó el fin de la guerra.

Adolph Althoff: Alemán, dueño de un circo, que salvó a numerosas personas haciéndolas pasar como empleados que debían viajar para realizar sus tareas.

Hans Georg Calmeyer: Abogado alemán que salvó a 6.000 judíos holandeses de ser deportados y exterminados. Para ello, gestionó la documentación que atestiguaba que tenían descendencia germánica.

Hans von Dohnanyi: Abogado y teniente del ejército alemán que usó su influencia para permitir la huida de numerosos colegas suyos de origen judío, disfrazando a algunos de ellos como agentes de policía. Resistió por la fuerza que los alemanes mataran a muchos residentes polacos. Se salvó de ser arrestado y ejecutado porque llegó el fin de la guerra.

Heinz Drossel: Oficial del ejército alemán que rehusó ejecutar prisioneros de guerra soviéticos. Además, ocultó en su casa a una familia judía hasta el final de la guerra. Sirvió como juez al terminar el conflicto.

Georg Ferdinand Duckwitz: Diplomático alemán que advirtió a los judíos de Dinamarca sobre su inminente deportación, lo cual se estima que evitó la muerte del 95% de ellos.

Albert Göring: Ingeniero alemán, hermano del jerarca nazi Hermann Göring. Detestaba el nazismo y la persecución racial y religiosa. Era un hombre de negocios, y solía enviar camiones a los campos de concentración a buscar «trabajadores». Luego los camiones paraban en despejados y se permitía escapar a los prisioneros. En una ocasión, viendo a un grupo de mujeres judías a las que unos oficiales de la SS habían puesto a limpiar la calle de rodillas, se quitó la chaqueta y se puso a limpiar con ellas, para vergüenza de los agentes que ordenaron cesar la labor. Por la carga de su apellido murió pobre y no reconocido hasta mucho después.

Wilm Hosenfeld: Oficial del ejército alemán que desde el 1939 ocultó y dio refugio a varios cientos de polacos judíos y cristianos en el estadio deportivo de Varsovia, que estaba bajo su supervisión.

Karl Plagge: Oficial alemán que se resistió bravamente a la exterminación de los judíos del gueto de Vilna (Lituania), produciendo documentos de trabajo falsos; poniendo constantemente en peligro no sólo su posición, sino también su vida.

Hermann Maas: Ministro protestante que ayudó a muchos judíos a obtener visados para escapar. Fue encerrado en un campo de concentración en 1944, pero sobrevivió.

Raoul Gustaf Wallenberg: Miembro de una influyente familia sueca, arquitecto, hombre de negocios y diplomático, que trabajó incansablemente, asumiendo todo tipo de riesgos, para salvar a miles de judíos. Hasta el día de hoy su muerte es motivo de controversia.

José Arturo Castellanos: El Schindler latino, cónsul general de El Salvador en Ginebra. En 1942 nombró primer secretario del consulado a un amigo judío refugiado llamado George Mandel-Mantello. De esta forma lograron producir pasaportes y otros documentos falsos, logrando salvar a más de 40.000 judíos.

Samuel del Campo: Diplomático chileno, encargado de diversos negocios entre Chile y Rumania. Desde su posición emitió pasaportes chilenos falsos y otros documentos que permitieron librar de la muerte segura a más de 1.200 judíos.

Oskar Schindler: Industrial alemán, miembro del partido nazi y un hombre que no perdía la mínima oportunidad de hacer dinero. Adquirió una fábrica, operada por la mano de obra más barata que existía en Alemania, los judíos. Movido siempre por el dinero y por la negra sombra del partido nazi, terminó siendo honrado por su heroísmo al arriesgarlo todo, incluyendo su prestigio entre los alemanes, para salvar a un gran número de judíos.

Cornelia (Corrie ten Boom): Escritora que ocultó judíos en su propia casa, junto a su padre y a otros miembros de su familia. Por este motivo fue enviada a un campo de concentración. En su libro *The Hiding Place* narra la historia y los esfuerzos que hizo junto a su familia para salvar a todos los judíos que pudo.

Sofka Skpwith: Princesa rusa que salvó a muchos judíos mientras estaba encarcelada en un campo de prisioneros en Francia. Una vez a salvo, trataba de reunirlos con sus padres, pero muchos eran ya víctimas de los hornos.

Maria Tribbioli: La madre superiora de un convento en Florencia (Italia) donde escondían judíos durante las redadas alemanas.

Irena Sendler: Conocida como «el ángel del gueto de Varsovia», fue una enfermera y trabajadora social polaca católica que, durante la Segunda Guerra Mundial, salvó a más de 2.500 niños judíos de ser asesinados en las cámaras de gas. Esta se las ingeniaba para sacarlos del gueto en ambulancias como enfermos graves, en ataúdes como muertos, en bolsas como basura; en toda forma posible.

El 20 de octubre del 1943, Irena Sendler fue detenida y torturada por la Gestapo, pero nunca reveló a los nazis el paradero de los niños que logró salvar. Fue liberada de su sentencia de muerte por un soldado polaco. Y después de la guerra, ayudó a reubicar a muchos niños con sus padres biológicos; aquellos que se habían salvado de morir en las cámaras de gas.

«Quien salva una vida salva al mundo entero» *(Mishná 4:5).*[24]

[24] Mishná – Importante obra judía de estudio. Primera gran colección escrita de las tradiciones orales judías, conocida como la *Torá* Oral. Viajó de boca en boca hasta el siglo III, cuando fue codificada y escrita por Yehudah HaNasi.

CAPÍTULO 11

Algunos de los hombres y mujeres más crueles del Holocausto

Si bien los actos de violencia y abuso eran perpetrados por muchas personas, especialmente soldados y oficiales del ejército alemán, algunos individuos se destacaron por su crueldad extrema, hasta el punto de pasar a la historia como auténticos seres macabros que se regocijaban en el terror y el dolor. Muchos de estos seres fueron capturados y enjuiciados en los llamados "juicios de Nuremberg".

Adolf Hitler, *El Führer*: Dictador alemán que gobernó entre 1933 y 1945. Responsable de horrendas torturas y de la muerte de seis millones de judíos, entre otras muchas víctimas. No existen palabras para describir toda la crueldad perpetrada contra la humanidad por este cruel asesino; el más cruel de todos los hombres que han existido en nuestro planeta.

Dictador Adolf Hitler – Wikipedia en.wikipedia.org

Joseph Mengele, «El ángel de la muerte»: Su afición principal consistía en realizar todo tipo de experimentos médicos innecesarios, brutalmente dolorosos y sádicos. Era especialmente cruel con los niños, a los que torturaba con cirugías experimentales sin anestesia, les inyectaba químicos en los ojos para ver si podía cambiarles el color, trataba de cambiarlos de sexo sin ningún tipo de base científica... Muchos presos se vieron sometidos a «tratamientos» que no tenían ni pies ni cabeza; eran simplemente una burda excusa para torturar. Él y su «equipo» trataban de encontrar métodos de esterilización masiva, sacaban órganos internos sin anestesia, sometían a la gente a bajas temperaturas para ver cómo morían, y los sometían a toda clase de estímulos dolorosos para estudiar sus reacciones. La lista de los macabros crímenes cometidos por el doctor Mengele durante el Holocausto es interminable y desgarradora.

Buscado por muchos años por los "cazas nazis".[25] Se dice que un esqueleto encontrado en el 1979 en una playa de Brasil fue identificado por los doctores forenses como el de Joseph Mengele, el "ángel de la muerte".

https://en.wikipedia.org › wiki › Josef_Mengele

[25] Cazas nazis – Individuo que se dedica a seguir y recopilar información sobre antiguos nazis y que estuvieron involucrados en el Holocausto, para enviarlos a juicio. Un ejemplo fue Simon Wiesenthal, quien se dedicó a esta tarea después de sobrevivir a cinco campos de concentración.

Hermann Göring: Destacado por su crueldad, como todos los oficiales de Hitler. Participó en la planificación del Holocausto. Göring fue el acusado con mayor rango durante los Juicios de Nuremberg.[26] Se suicidó en su celda la noche antes de su ejecución ingiriendo una cápsula de cianuro.

https://en.wikipedia.org › wiki › Hermann_Göring

[26] Juicios de Nuremberg – Proceso para juzgar a los dirigentes alemanes de la Segunda Guerra Mundial acusados de crímenes de guerra. Estos juicios fueron celebrados en la ciudad de Nuremberg, Alemania.

Heinrich Himmler: Uno de los hombres más poderosos del régimen nazi, el segundo en mando después de Hitler; primero en mando de la **SS**.[27] Construyó campos de exterminio, ayudó a formar el *Einsatzgruppen*. Murió por suicidio el 23 de mayo de 1945.

(https://en.wikipedia.org › wiki › Heinrich Himmler)

---

[27] **SS** – Primer agencia de seguridad, investigación y terror en Alemania y la Europa ocupada; responsable de ejecutar la política racial. Solo trabajaban hombres que se consideraban la «élite racial» del futuro nazi.

Reinhard Heydrich – Músico talentoso, pero tan cruel como todos los demás oficiales nazis. Hitler le llamaba, «El hombre con el corazón de hierro», conocido también como el «El carnicero de Praga». Uno de los principales arquitectos de la «solución final» y líder de la Gestapo (policía secreta del régimen nazi). Murió en un hospital de Praga después de ser herido por un grupo de la resistencia de Eslovenia.

Grave of top Nazi leader Reinhard Heydrich opened in Berlin
(://www.bbc.com › news › world-europe-50806873)

Joseph Goebbels: Reconocido agitador de masas, encargado de la propaganda política de Hitler. Como todos los demás, era un criminal asesino. No perdía tiempo para reforzar la posición antisemita y el fanático y macabro plan del *Führer*: exterminar a los judíos para convertir a Alemania de nuevo en una nación poderosa. Se suicidó con cianuro junto a su esposa y a sus hijos.

https://en.wikipedia.org › wiki › Joseph_Goebbel

Adolf Eichmann: Reconocido como el arquitecto del Holocausto y el artífice de la «solución final».[28] Fue acusado de administrar y facilitar la deportación masiva de judíos a los guetos y centros de exterminio. Capturado en Argentina por la *Mossad* [29]en 1960 y ejecutado en la horca en Israel en 1962.

(https://en.wikipedia.org › wiki › Adolf_Eichmann)

---

[28] «Solución final» – Plan sistemático nazi que exigía el asesinato de todos los judíos de Europa por gaseamiento, fusilamiento, y otras medidas; logrando así exterminar alrededor de seis millones de ellos.

[29] *Mossad* – Agencia de Israel responsable de la recopilación de información de inteligencia, acción encubierta, espionaje y contraterrorismo en todo el mundo. Esta reconocida como una de las agencias más poderosas que existen.

Rudolf Höss, «El animal de *Auschwitz*»: Comandante responsable del campo de concentración de *Auschwitz*, donde más de un millón de personas fueron cruelmente torturadas y asesinadas por el régimen nazi. Höss estuvo a cargo de probar y perfeccionar las técnicas de asesinatos en masa. Y allí en Auschwitz donde desplegó sus crímenes, fue sentenciado y ahorcado en el 1947.

(https://en.wikipedia.org › wiki › Rudolf_Höss)

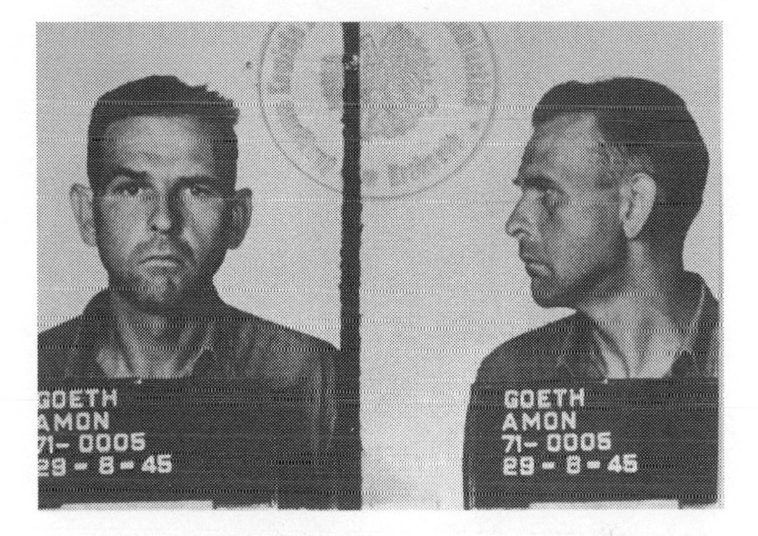

Amon Göth, «El carnicero de Płaszów»: Tal vez uno de los más violentos y desquiciados. Le gustaba matar a los prisioneros de forma arbitraria; en algunas ocasiones, le disparaba a distancia desde la ventana de su oficina. Tenía perros entrenados para desgarrar a los prisioneros. Se mantuvo sádico y cruel hasta el último momento. Murió en la horca en 1946 y sus últimas palabras fueron «¡*Heil Hitler!*» (viva Hitler).

(https://en.wikipedia.org › wiki › Amon_Göth)

Maria Mandel, «La bestia de *Auschwitz*»: Esta mujer representaba el mal en su expresión más oscura. Torturaba a los presos de manera sistemática, sin ningún tipo de remordimiento, y era en extremo sádica con las mujeres, a las que mataba de mil formas diferentes, cuando no morían simplemente por desnutrición. Disfrutaba con terroríficos experimentos, y les mostraba el camino a las mujeres hacia las cámaras de gas. No fueron pocas las mujeres que ejercieron el abuso y la violencia extrema en el ejército alemán, pero dicen que nadie podía igualar a esta en salvajismo. Ahorcada el 24 de enero de 1948 a la edad de 33 años.

(https://en.wikipedia.org › wiki › Maria Mandel)

Ilse Koch, «La bruja de *Buchenwald*»: Este personaje hizo del campo de concentración de *Buchenwald* su zona de juegos macabra. Era muy aficionada a todo tipo de excesos sexuales: organizaba y participaba en orgías, y mataba a prisioneros mientras experimentaba con ellos, niños incluidos. Todo con el beneplácito y apoyo de su marido, el coronel Karl Otto Koch. Pero lo que más llama la atención de su personalidad desquiciada era su predilección por arrancar la piel de los prisioneros y fabricarse lámparas, billeteras, tapas de libros…en especial si tenían tatuajes que le gustaban. Koch fue condenada a cadena perpetua, pero terminó ahorcándose a la edad de 60 años, pues le atormentaba la obsesión de que los sobrevivientes del campo de concentración fueran a abusar de ella en su celda.

(https://simple.wikipedia.org › wiki Ilse_Koch)

Irma Grese, «La bella bestia» o «La perra de *Belsen*»: Otra de las mujeres sádicas que dejaron un reguero de víctimas y escenas macabras, una joven brutal que no conocía ningún tipo de piedad. La lista de crímenes en su haber, en apenas dos años, fue inmensa. Se regocijaba con el dolor ajeno, y escogía a las chicas más bellas o embarazadas para deleitarse con su tortura. El 13 de diciembre de 1945 fue sentenciada a muerte y ejecutada en la horca a la edad de 22 años.

(https://en.wikipedia.org › wiki › Irma Grese)

Hermine Braunsteiner, «La yegua»: Apodada así porque utilizaba unas botas reforzadas con acero para asesinar con ellas a mujeres y niños, sin ninguna compasión. Estaba encargada de seleccionar las víctimas de la cámara de gas. La condenaron a tres años y un jurado austríaco la absolvió en 1950, emigrando a Estados Unidos. Pero un superviviente judío, Simon Wiesenthal, apodado el «cazanazis», la localizó en Nueva York, y la denunció. Tras casi diez años de proceso legal, ingresó a prisión en 1981 y a pesar, de haber sido sentenciada a cadena perpetua, en 1996 la excarcelaron por graves problemas de salud, muriendo en 1999 a la edad de 79 años.

(https://en.wikipedia.org › wiki › Hermine_Braunsteiner)

Herta Oberheuser: Uno de los monstruos más aborrecibles del régimen. Era médico especialista en dermatología, y realizó crueles estudios sobre prisioneros que carecen de toda lógica. Les infligía toda clase de heridas en la piel, provocando que se les infectaran. Pero lo peor se lo hacía a los niños, a los que les inyectaba sustancias, extirpaba órganos, etc., en una especie de locura asesina macabra. Lo peor de la historia de esta psicópata es la decepcionante condena en el juicio de Nuremberg, solo 20 años de prisión, que se quedaron en cinco. Siguió ejerciendo la medicina en un laboratorio del Bodelschwingh Institute y murió en el 1978 a la edad de 66 años.

(https://en.wikipedia.org › wiki › Herta_Oberheuser)

Dorothea Binz: Una de las más crueles asesinas del Holocausto. Disfrutaba flagelando y descuartizando a los presos con un hacha sin ningún tipo de remordimiento. Golpear y azotar sin piedad a las prisioneras en el ***búnker*** era una de sus habituales costumbres, además de entrenar a sus alumnas más aventajadas en lo que llamaba «placer malévolo». Ahorcada en 1947 a la edad de 27 años.

(https://en.wikipedia.org › wiki › Dorothea_Binz)

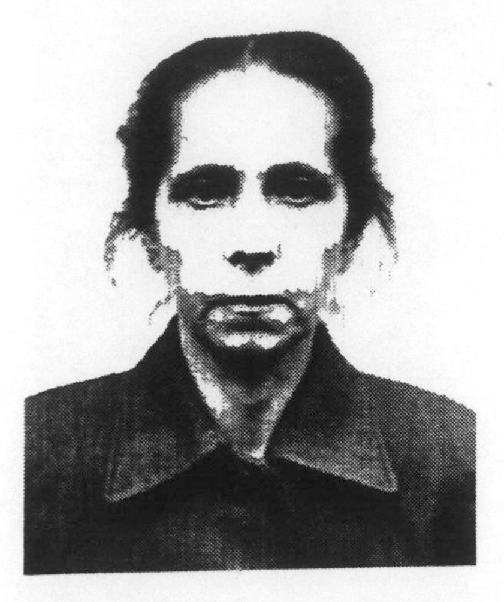

Juana Bormann, «La mujer de los perros»: Llamada así porque sentía un placer sádico al ver como sus perros despedazaban a los prisioneros. Sentenciada a la horca en 1945, murió a la edad de 52 años.

(https://en.wikipedia.org › wiki › Juana_Bormann)

CAPÍTULO 12

Siete mentiras famosas sobre los judíos

1. **Los judíos son avaros**: La verdad es que, según varios estudios realizados, se reflejó que, en proporción con su tamaño y al resto del mundo, el judío es uno de los pueblos más filántropos de la Tierra. Porque mejorar el mundo y suplir al necesitado (*tzedakah*), es uno de los mandamientos que con más empeño estos buscan obedecer. Muchas de las grandes fundaciones de caridad del mundo y centros de investigaciones científicas, son patrocinadas por judíos.

Existen otros casos como el siguiente, que demuestran que el judío sabe hacer y respetar el dinero, pero no necesariamente lo aman en la forma que muchos han querido hacernos creer.

En lugar de recibir y aumentar su fortuna con las ganancias que recibiera Steven Spielberg por la producción y dirección de su famosa película *La Lista de Schindler,* decidió donarlo a una fundación que él mismo ayudó a crear, *Righteous Persons Foundation.* Una organización sin fines de lucro que busca colaborar en la vida de la comunidad y se enfoca en promover el activismo por la justicia social.

Nuestro mundo de hoy cuenta con un gran número de famosos filántropos de descendencia judía como: George Soros, Bill Gates, Michael Bloomberg, Robert Mercer, Edward Zuckerberg, Larry Page y muchos más.[30]

Pero, más allá de lo que pudieran decir las estadísticas, aunque envuelto todo en una serie de mentiras y falta de lógica, Martin Lutero, enemigo acérrimo del pueblo judío, nos deja ver que desde entonces; los judíos tienen fama de ser grandes filántropos. Veamos lo que este nos dice:

> Se oye decir que los judíos donan grandes sumas de dinero y de ese modo resultan beneficiosos para los gobiernos. Sí, ¿pero de dónde sale este dinero? No sale de sus propiedades sino de las de los señores y

---

[30] Sobre la filantropía judía - https://aurora-israel.co.il/filantropia-el-patron-cultural-de-israel/

> sus súbditos a quienes saquean y roban por medio de la usura. Así los señores toman de sus súbditos lo que éstos reciben de los judíos en forma de beneficencia, es decir, los súbditos están obligados a pagar más en impuestos y son oprimidos para los judíos, para que éstos puedan permanecer en el país, mentir descarada y libremente, blasfemar, maldecir y robar. (Lutero, M., 1543, Sobre los judíos y sus mentiras, p. 95)

2. **Los judíos aman tanto el dinero que trabajan hasta los domingos**: Los judíos descansan el sábado y trabajan el domingo porque cumplen con las enseñanzas que Dios les dictó en el Sinaí, siendo una de ellas:

   > «Guardarás el día de descanso (shabat-sábado) para santificarlo, como el Eterno, tu Dios, te ha mandado. Seis días trabajarás y en ellos harás tus obras, pero el día séptimo es de descanso para el Eterno, tu Dios. (Dt.5:12)

   Es por esta razón y por ninguna otra, que el judío trabaja el domingo. Y esto es así, porque para el judío, la palabra de Dios no cambia.

3. **Los judíos son usureros**: Otro de los estereotipos fomentados por la iglesia medieval. Antes del año 1179,

los judíos, como los otros pueblos de Europa, poseían tierras donde cultivaban vides, ejercían profesiones como la medicina, enseñaban en las universidades y tenían propiedades dentro de lo razonable. Pero durante ese año, el papa Alejandro III convocó el Tercer Concilio de Letrán, y exigió que los judíos vivieran en guetos, prohibiéndoles tener propiedades y ejercer cualquiera de los trabajos que hasta esa fecha habían practicado. Lo único que podían hacer para ganarse la vida era vender ropa vieja y prestar dinero, aunque el papa había sentenciado que eso era pecado para los cristianos. Fue un claro movimiento económico y no religioso.

Así, muchas personas se aseguraban de no devolver los préstamos si así lo querían, o no pagar intereses (usura) escudados en la religión, y obligaban a los judíos a pagar grandes sumas en impuestos. ¡Negocio redondo!

Después de la Revolución Francesa, la situación de los judíos cambió, y pudieron volver a ejercer sus profesiones. Tras siglos realizando las poco agradecidas labores de prestamistas y recaudadores, con grandes riesgos, ganaron mucha experiencia en esa profesión (una de las pocas que les dejaron realizar) y algunos llegaron a ser banqueros reputados, lo que provocó la envidia de quienes no tenían la capacidad para ello, y volvieron los fantasmas del robo y la extorsión. Es por esa razón que la imagen del judío usurero ha seguido siendo explotada por los enemigos de los judíos hasta el día de hoy. No es que los judíos hayan sido odiados por ser prestamistas, es que se convirtieron en prestamistas por ser odiados.

4. **Los judíos no entienden la Biblia**: Por desinformación, muchas personas creen y enseñan que los judíos no entienden la Biblia. Pero lejos de ser esto cierto, los judíos no solo conocen el texto bíblico en su profundidad, sino que fueron ellos los que lo escribieron. Alegar que los judíos no conocen los escritos que ellos mismos escribieron es una de las mentiras que se han esparcido con éxito en contra de estos; olvidándose que fueron ellos, los que, a través de sus escritos, revelaron al mundo la existencia y Soberanía de Dios. Por algo se les llama «el pueblo del libro».

5. **Los judíos buscan controlar el mundo**: En septiembre de 1902, la policía rusa publicó unos documentos titulados *Los Protocolos de los Sabios de Sion.* Este panfleto inventado; alegaba contener las minutas de las reuniones que cada cien años celebran los grandes líderes judíos para hablar sobre su control del mundo

mediante la economía, los medios de comunicación, y los conflictos religiosos.

Aunque estos documentos están compuestos de mentiras y evidencias falsas, sigue siendo una herramienta para los grupos de ultraderecha. Hasta hoy, grupos terroristas enemigos de Israel se apoyan en estas mentiras para justificar sus actos violentos contra civiles israelíes. Para Hitler, Los *Protocolos de los Sabios de Sion*, fue una de las lanzas principales que utilizó para engañar a la gente y ponerla en contra de los judíos. Cuando llegó al poder en Alemania, las escuelas los utilizaban para adoctrinar a los niños alemanes.

En 1921 el diario londinense *The Times* declaró a los *Protocolos* como un fraude, un plagio donde su autor original había copiado obras de ficción para crear tal cosa. En 1935, un tribunal de Suiza multó a los líderes nazis por hacer circular una edición de este documento, considerándolo difamatorio, lleno de falsificaciones obvias y tonterías ridículas. En 1964, el Senado de Estados Unidos criticó a los que difundían *Los Protocolos* con la intención de utilizarlos con el mismo fin que lo hizo Hitler. Y en 1993 un tribunal ruso declaró culpable a un grupo nacionalista (*Pamyat*), una organización nacionalista de extrema derecha, que distribuía estas mentiras como parte de su programa antisemita.

Si en verdad los judíos controlaran el mundo en la forma que este documento dice, no habría existido nunca el Holocausto, donde murieron seis millones de ellos. Pero lo triste es que, hasta hoy, hay personas que creen lo que dice este falso y ridículo documento, el cual aún circula incluso por internet.

6. **Dios abandonó y maldijo a los judíos**: Esta es una de las mentiras que ha hecho famosos a los judíos. Sin embargo, para ellos la verdad es la siguiente:

> Así dice el Eterno, que da el sol por luz durante el día y las ordenanzas de la luna y de las estrellas por luz de noche, que agita el mar para que rujan sus olas, y cuyo nombre es Eterno de los Ejércitos: Si estas ordenanzas se apartaren de ante Mí, dice el Eterno, también cesará la simiente de Israel, que dejará de ser nación de ante Mi por siempre. Así dice el Eterno: Si en lo alto el cielo pudiera ser medido, y las fundaciones de la tierra exploradas abajo, Yo arrojaré toda la simiente de Israel, por todo lo que han hecho, dice el Eterno *(Jeremías 31:34-36).*

> Pero tú, Israel; tú, Jacob, siervo mío a quien he escogido de la simiente de Abraham, amigo Mío; Tú a quien he asido desde los confines de la tierra y te he llamado desde sus lugares más remotos y te dije: «Tú eres Mi siervo. Te he elegido a ti y no te he desechado», no temas, porque estoy contigo. No desmayes, porque Yo soy tu Dios *(Is 41:8-10).*

> Es que ni siquiera por todo eso, cuando estuvieren en tierras ajenas, los desecharé totalmente ni Me dejaré llevar por Mi ira para anular Mi Pacto con ellos, por cuanto Yo soy su Dios, el Eterno. Por ellos Me acordaré de Mi Pacto con sus ancestros, a quienes libré de la tierra de Egipto ante los ojos de todos los pueblos para que Yo fuera su Dios el Eterno *(Lv 26:44-45).*

> ¡Oh Israel, que eres salvado por el Eterno con salvación eterna, no serás avergonzado ni confundido por toda la eternidad! *(Is 45:17).*

Estos versos debían ser suficientes para desmentir esta mentira, al menos así lo deben considerar aquellos que dicen creer en la Biblia. Porque estos versos lejos de decir que Dios abandonó a los judíos, confirman Su fidelidad para con ellos.

7. **Los judíos mataron a Jesús**: Alegan muchos que los judíos han sido odiados y perseguidos por haber matado a Jesús, ignorando que la persecución de los judíos existe desde mucho antes que se hablara del nacimiento y de la muerte de Jesús. No, los judíos no mataron a Jesús. Si los judíos hubieran matado a Jesús, hubieran utilizado una de las formas de ejecución establecidas en la ley judía y no la forma de ejecución romana, la crucifixión. Y suponiendo que fuera verdad que algunos judíos fueron cómplices para que los romanos lo mataran, ¿por qué no son igualmente odiados los romanos? Este es un tema del que hay mucho material para argumentar, pero lo cierto es que los judíos han sido cruelmente entrampados con esta falsa enseñanza.

CAPÍTULO 13

La milagrosa supervivencia del pueblo judío

«Israel, un punto en el corazón del mundo»

Después de la gran tragedia del Holocausto, muchos judíos de diferentes partes del mundo, especialmente de

Europa, ayudados por el Movimiento Sionista [31] lograron regresar a Israel; su tierra. La emigración fue tal que las Naciones Unidas votaron para dividir las tierras de Israel en dos estados independientes, uno árabe y otro judío. De esta manera los judíos tendrían en su propia tierra, un lugar seguro donde vivir. Así fue como en 1948 Israel fue reconocido ante el mundo como un estado independiente. Mientras otra parte de las tierras seguían ocupadas por los árabes y otros pueblos que vivían allí.

La situación política en la zona era muy compleja. Los árabes nunca vieron con buenos ojos el número de judíos que regresaban a Israel y, menos aún, el que se les concediera el derecho a convertirse en un Estado independiente. Y formaron la Liga de Naciones Árabes con el fin de contrarrestar el Movimiento Sionista, movimiento formado para ayudar a rescatar a los judíos del cruel antisemitismo que estaban sufriendo en Europa. Y un día después de que Israel fuera proclamado estado independiente, estas naciones árabes se unieron y atacaron a la joven nación. Y aunque Israel no contaba entonces con el ejército que cuenta hoy, los judíos lograron derrotar a las naciones agresoras.

---

[31] Movimiento Sionista – Movimiento fundado por Theodor Herzl (finales siglo XIX); un hombre consciente del sufrimiento de los judíos de la diáspora, especialmente en Europa. Este movimiento fue creado para ayudar a los judíos a regresar a la tierra de sus antepasados, donde pudieran vivir seguros.

Durante el tiempo en que los sionistas ayudaban a los judíos a regresar a Israel, las tierras estaban habitadas por turcos, cristianos, árabes, y por los pocos judíos que habían quedado. En esta época la tierra estaba perdida y desolada. Muchos judíos que se lo podían permitir comenzaron a comprar pantanos, riscos, tierras áridas y desérticas que ninguno de estos pueblos quería. Así comenzaron, preparando y labrando las tierras pobres que habían comprado.

Y con mucho ingenio y gran esfuerzo lograron restablecer la agricultura, mientras se ocupaban también del desarrollo tecnológico y la medicina. Reafirmaron su identidad como pueblo, con su lengua hebrea y sus viejas costumbres. La unidad ha sido, en efecto, la clave de su victoria, porque amparados todos en unas mismas creencias, llevaron juntos a cabo la gigantesca empresa de levantar una nación.

Israel vence a las naciones enemigas una y otra vez

A pesar de la victoria, los ataques contra la nación de Israel no han cesado. Israel vive bajo constantes amenazas y ataques terroristas. Demasiada gente se apresura a juzgar su proceder sin conocer la compleja historia que hay detrás. En el año 1967, Siria y Jordania se unieron a Egipto y volvieron a atacar a Israel, pero, una vez más, Israel prevaleció. En esta ocasión, los judíos lograron recuperar la posesión de varios territorios como los Altos de Golán, la Rivera Occidental, Gaza y la Vieja Ciudad de Jerusalén. Esta guerra fue conocida como «La Guerra de los Seis Días», porque esto fue todo lo que le tomó a Israel vencer a sus enemigos en esta ocasión.

Y una vez más, el 5 de octubre 1973, Israel vuelve a ser atacado por sus enemigos vecinos el mismo día que estos estaban ocupados celebrando el *Yom Kipur*,[32] una de sus fiestas más solemnes, pero aun así lograron salir vencedores.

Algunos de los muchos logros del pueblo de Israel

Los ataques contra Israel aún no terminan, pues la nación vive bajo los constantes ataques de los árabes palestinos, las amenazas de los iraníes y bajo el juicio equivocado de muchos políticos del mundo. Pero nada de esto ha logrado detener el avance de este país. En menos de cien años, Israel ha logrado levantar un sorprendente sistema político-social y una gran economía. Este es el único país de Oriente Medio que goza de un verdadero

[32] Yom Kipur – El día más solemne que observa el pueblo judío cada año. (Lv. 23:27-28)

sistema democrático. Con su dedicación y la confianza que los caracteriza, ha levantado prácticamente de la nada: proyectos de carreteras, ferrocarriles, puertos, aeropuertos, tuberías de agua potable, centrales eléctricas, etc.

La agricultura en zonas áridas y desérticas es otro de los campos donde han exportado avances espectaculares y vitales para la supervivencia de otros países. Tal es el éxito obtenido, que producen alimentos para la exportación en donde antes no había nada y donde otras naciones no supieron ni se molestaron en cultivar. En medio de la aridez, hoy encontramos agua, en medio del polvo, encontramos flores. Una maravilla que resume la historia de un pueblo que ha creído siempre en los milagros, incluso en los momentos más oscuros.

Israel está construyendo la torre de energía solar más alta del mundo, y también posee una de las plantas de desalinización más grande que existen (Sorek); ubicada cerca de Tel Aviv. Además de ser expertos en convertir el agua del mar en agua potable, son líderes mundiales de la ciencia agrícola. Su sorprendente desarrollo industrial y el avance de la alta tecnología de Israel ha sido puesta a la par con el desarrollo de *Silicon Valley*.[33]

---

[33] *Silicon Valley* – Región en el Norte de California que sirve como un centro global de alta tecnología e innovaciones.

La *Nobel Foundation de Suecia* ha otorgado 850 premios de los cuales el 22% de ellos han sido concedidos a judíos o a sus descendientes. Este dato resulta un milagro, siendo que Israel tiene solo 14 millones de habitantes, el 0,02% de la población mundial.

Israel es también, uno de los países líderes en investigación médica. Es curioso ver cómo personas que odian a los judíos, se olvidan del odio cuando se ven en la necesidad de recurrir a alguno de sus descubrimientos médicos, como lo son, entre muchos otros: *la vacuna y las pastillas contra la polio* (Dr. Jonás Salk), *la prueba de la sífilis - the Wasserman Test* (August Paul von Wassermannt), la *prueba de la disentería – prueba Schick* (Dr. Bela Schick), *las vitaminas* (Dr. Casimir Funk), *vacuna de la disentería-tétano* (Dr. Emil Adolf von Behring), la *Straterramicina* (Zalman Waxman).

Los avances en la medicina de este pueblo han sido remarcables, pero estos continúan sin cesar buscando remedios para todas las dolencias que aquejan el mundo.

A continuación, una lista de algunos de los últimos descubrimientos médicos realizados por Israel:

ReWalk Rehabilitation (más que caminar): Equipo desarrollado por el Dr. Amit Goffer, un inventor israelí. En 1997 este doctor sufrió un accidente y quedó parapléjico. Consciente de lo que sufre una persona que pierde la capacidad de caminar, inventó un equipo que permite que el parapléjico no solo camine, sino que también corra y suba escaleras.

Aer-O-Scope: Dispositivo descartable de tamizaje para cáncer colorrectal, ahora en prueba en Estados Unidos, abaratará la colonoscopía y la hará más segura y accesible al mundo.

BioWeld1 de Ion Med: Pega en minutos las incisiones quirúrgicas con el uso de plasma frío, en lugar de suturas dolorosas, grapas o adhesivo, y sella y desinfecta la herida con una cicatriz y tiempo de recuperación mínimo.

Bio-Retina: Un diminuto dispositivo implantable que se inserta en la retina en un procedimiento de 30 minutos, se convierte en una retina artificial que se une a las neuronas del ojo. Activado por gafas especiales, el dispositivo transforma la luz natural en impulso eléctrico que estimula las neuronas para que envíen imágenes al cerebro. El prototipo está avanzando rápidamente en los ensayos clínicos.

https://es.israel21c.org › los-12-adela...

En el campo de la ciencia, entre muchos otros grandes científicos de origen judío, se pueden encontrar genios como: Albert Einstein (teoría de la relatividad), Isidor Isaac Rabi (Método para aplicar la resonancia magnética) y Sigmund Freud (padre del psicoanálisis).

A pesar de su vida llena de inestabilidad y sufrimientos por el odio recibido, los judíos cuentan con una innumerable cantidad de figuras destacadas en las ramas del entretenimiento. Entre los muchos podemos contar actores y actrices como Marlon Brando, Tony Curtis, Paul Newman, Elizabeth Tylor, Harrison Ford, Dustin Hoffman; directores de cine como Steven Spielberg, Woody Allen, Oliver Stone y un río de famosos comediantes como *Los Tres Chiflados*, Charley Chaplin, Jon Stewart, Sainfield, Adam Sandler, Ben Stiller, Mel Brooks y muchísimos más.

En el campo de la música tienen directores como: Omer Neir Wellber, Gustav Mahler y otros. Entre la larga lista de buenos cantantes tienen a: Barbra Streisand, Neil Diamond, Simon & Garfunkel. Los judíos conocen tan bien el gusto de la gente, que, aunque ellos no la celebran, compusieron para los amantes de la navidad canciones que nunca mueren y que han sido interpretada por grandes músicos del mundo. Canciones como: *White Christmas, Silver Bells, Let it Snow, Rudolph the Red-Nosed Reindeer y Santa Baby.*

Sobre el judío

La calidad humana del pueblo judío se demuestra en su temor a Dios y en su amor por el mundo en el que viven. Los judíos son siempre los primeros a la hora de prestar ayuda en labores humanitarias cuando ocurre alguna catástrofe en cualquier parte del mundo, incluso en países donde no son muy queridos. Contrario a lo que por desconocimiento muchos dicen. En comparación con su tamaño y contrario a lo que muchos creen, el judío es uno de los pueblos más filántropos del mundo. Y esto es así, porque el judaísmo enseña que vestir al desnudo, antes de ser un acto de justicia, es un serio mandamiento que buscan siempre cumplir.

A pesar de las imperfecciones que puedan tener como personas y además de todas las mentiras que se siguen diciendo sobre los judíos, este pueblo ha demostrado siempre una gran inteligencia, dignidad y valentía; algo que nadie puede negar. Por ejemplo, aunque jamás han olvidado a sus seis millones de desaparecidos en el Holocausto, no se han detenido para lamentarse. Tampoco han dedicado sus fuerzas a la venganza y al odio, ni han dejado de creer en la fidelidad de su Dios. Por su gran amor a la vida han seguido viviendo, estudiando y superándose, no solo por su propio bienestar, sino también para cumplir lo que consideran su responsabilidad; mejorar el mundo en que viven. Son el único país que no abandona a sus muertos en el campo de batalla. *Y a pesar de sus pesares*, el judío sabe reír, aún de su propio dolor.

«En casi toda sociedad en la cual los judíos han vivido por los últimos dos mil años, han sido mejor educados, más sobrios, más caritativos uno con el otro, y han cometido muchísimo menos crímenes violentos, y han tenido considerablemente más familias estables que sus vecinos no judíos. Estas características de la vida de los judíos han sido completamente independientes de que un judío sea rico o pobre.

Como el notable economista norteamericano Thomas Sowell concluyó: Aunque el judío viva en una barriada pobre, esta mostrará una incidencia baja en alcoholismo, homicidios, en muertes accidentales de la zona, incluido toda la ciudad. Sus hijos son menos holgazanes que la media, con una menor delincuencia juvenil y un coeficiente intelectual superior al promedio. Hubo también mayor cantidad de votantes para congresistas entre los judíos de bajos ingresos, más aún que protestantes y católicos de altos ingresos. A pesar de la gran cantidad de literatura que afirma que los barrios pobres forman el valor de las personas, los judíos tenían sus propios valores y los tomaron dentro y fuera de estos barrios pobres». Praguer,D. & Telushkin, J. (1994) *Why the Jews*, p. 46.

El 22 de junio de 1982, un político norteamericano confrontó al Primer Ministro de Israel, Menachem Begin, durante su testimonio del comité de Relaciones Exteriores, donde amenazaba cortarle la ayuda a Israel. Begin respondió con firmeza:

> «No nos amenaces con cortarnos la ayuda. Eso no va a funcionar. No soy un judío de rodillas temblorosas. Soy un judío orgulloso con 3,700 años de historia civilizada. Nadie vino en nuestra ayuda cuando estábamos muriendo en las cámaras de gas y en los hornos. Nadie vino en nuestra ayuda cuando luchábamos por crear nuestro pueblo. Nosotros pagamos por ello. Nosotros peleamos por ello. Nosotros nos mantendremos por nuestros principios. Nosotros los defenderemos. Y, si es necesario, nosotros moriremos por ellos otra vez, con o sin vuestra ayuda».

(https://www.jns.org›opinion›i-am-not-a-jew-with-tre...)

Conclusión

Grandes imperios del pasado están hoy sepultados bajo las cenizas del olvido, aun siendo los mismos que con fuerza y sin compasión lucharon para asimilar y exterminar al pueblo de Israel y a los judíos de todo el mundo. ¿Cómo explicar la caída de estos grandes imperios y el maravilloso florecimiento del pueblo de Israel? ¿Cómo entender que un pedazo de tierra tan pequeño y rodeado de tantos enemigos haya podido sobrevivir y cosechar tantos triunfos en tan poco tiempo?

Muy propiamente Mark Twain (*Harpers Magazine,* 1899*)* dijo*:*

> «Los egipcios, los babilonios y los persas se elevaron, colmaron el planeta con ruido y esplendor, y luego se desvanecieron y desaparecieron; los griegos y los romanos siguieron, hicieron gran cantidad de ruido, y ya no están; otros pueblos han surgido y han mantenido su fuego por un tiempo, pero éste se consumió y ahora están en las tinieblas o han desaparecido. El judío los vio a todos, los derrotó a todos y aún es lo que siempre fue, sin exhibir decadencia, ni achaque por la edad, ni debilitamiento de sus partes, ni disminución de sus energías, ni entorpecimiento de su viveza ni de su mente agresiva. Todas las cosas

son mortales a excepción del judío; todas las fuerzas pasan, pero él permanece. ¿Cuál es el secreto de su inmortalidad?»

https://www.aishlatino.com/a/s/Mis-10-Frases-Celebres-Favoritas.html

David Ben-Gurión, Primer Ministro de Israel, entrevistado por la CBS el 5 de octubre de 1956, dijo:

«¿Cómo es posible que Israel haya sobrevivido a pesar de haber tenido tan remotas probabilidades de supervivencia? En 1948, sin aviones y con sólo tres tanques, una milicia de israelíes sobrevivientes del Holocausto y granjeros de *kibutzim* evitaron milagrosamente ser aniquilados a manos de los ejércitos atacantes. El pueblo judío logró lo inimaginable reuniendo a los exiliados, reviviendo una lengua antigua, haciendo que el desierto florezca y construyendo una de las economías de alta tecnología más estables del mundo. Todo esto fue hecho afrontando embargos económicos, aislamiento diplomático, guerras incesantes y ataques terroristas».

https://www.aishlatino.com/a/s/Mis-10-Frases-Celebres-Favoritas.html

«El año 70, sin embargo, pudo haber sido tomado para marcar la Gran División, cuando la carrera del pueblo judío vino a ser completamente única. Quebrantados y esparcidos, despojados de todas las posesiones que aparentan ser indispensable para la supervivencia nacional, ellos sin embargo preservaron su integridad y siguieron siendo un pueblo distinto. Y la historia que graba sus carreras también vino a ser única, por la falta del enfoque en el espacio: esto vagará con ellos sobre toda la faz de la tierra. Es un desfile donde la vista y los ruidos acostumbrados se perdieron. No hay parada con pompa y poder, ni brillo de reyes y conquistadores. No hay ruido de ejércitos marchando, ni truenos de guerra o gritos de victoria. Los héroes de la historia faltos del *glamour* que cautiva el ojo y excitaba la fácil imaginación: ellos son sabios y eruditos, cantantes y soñadores, mártires, místicos, y santos. Es una historia como ninguna otra en los anales de las naciones».

Learsei, R.(1966) *Israel, p. 183.*

Su victoria ha descansado siempre en el espíritu del pueblo que ha trascendido el fuego y la espada. Aunque en tantas ocasiones perdieron su tierra y su libertad, esto sólo servía para añadir poder a sus niveles espirituales.

Ni los egipcios, ni los amalecitas, ni los persas, ni los filisteos, ni los asirios, ni los griegos, ni los romanos, ni Adolf Hitler, ni sus aborrecedores de todos los tiempos han podido acabar con los judíos. La asimilación y la aniquilación del pueblo judío ha resultado ser una *misión imposible* para todo el que lo ha intentado. ¡Será que en verdad son ciertas las promesas de que hablan los hebreos!

Lo cierto es que como dice su himno nacional, «*mientras en lo profundo del corazón palpite un alma judía...no estará perdida la esperanza*». Su escudo y su bandera, aunque cubiertas de lágrimas y sangre, continuará gritando con gran fuerza y alegría:

¡El Pueblo de Israel Vive!

BIBLIOGRAFÍA

1. Baroukh, E. Lemberg (s.f.). *Enciclopedia práctica del judaismo*. España.RobinBook.
2. Espayol,R.(2011) *Breve Historia del Holocausto*.España. Ediciones Nowtilus.
3. Jacob, Louis. (1984) *The Book of Jewish Belief*. NJ. Beherman House,Inc.
4. Jehuda,B.(1982-2001) *A History of the Holocaust*.US.Franklin Watts.
5. Josephus, F.(2017) *La guerra de los judíos*. NY.Oxford University Press
6. Learsei, R. (1966) *Israel*. Cleveland y NY.The Word Publishing Co.
7. Lutero, Martin - Sobre los Judios y sus mentiras http://web.seducoahuila.gob.mx › upload › Luter...
8. Praguer, D. & Telushkin, J. (1994) *Why the Jews*. NY. Simon & Schuster.
9. Shipp, H. (1959) *Creencias que han movido al mundo*. Mx. Talleres Offset Altamira.
10. Szwaiger, A. (1992) *I Remember Nothing More*. Alemania. Touchstone Books.
11. Wiesel, E. (1985) *The Night Trilogy*. NY. Hill and Wang.
12. Yadin,Y. (1966) *Masada*. Gran Bretaña.George Weidenfield & Nicolson Ltd.

Estampas que cuentan la historia de la Inquisición

Solo unas pocas de las muchas torturas utilizadas.

La Sierra: Se cortaba por la mitad a aquellos que habían cometido delitos graves contra la Iglesia. Se ponían así para que el cerebro mantuviera la oxigenación y permanecieran conscientes más tiempo mientras eran cortadas hasta el vientre.

(https://en.wikipedia.org)

Desgarrador de Senos: Aplicado durante varios siglos a un número indeterminado de mujeres que fueron condenadas por delito de herejía, blasfemia, brujería o cualquier acto libidinoso. Un caso famoso en Alemania en 1600 fue el de una familia conocida como "los Papenheimers". Anna, esposa y madre de tres hijos, fue acusada de brujería y después de ser torturada con el instrumento, tuvo que sufrir el despellejamiento y rasgamiento de sus carnes, pedazos de los cuales pasaron por la cara de sus hijos, obligando al más pequeño a presenciar el macabro acto. Luego de someterlos a las más crueles torturas, todos los miembros de esta familia fueron quemada vivos.

https://www.lifepersona.com/the-pappenheimer-family-perhaps-the-worst-witchcraft-trial-in-history

El justo universo se encargó de perpetuar los hechos del Holocausto, reservando las fotos tomadas por los alemanes mismos.

Centro de exterminio de *Auschwitz*, con su cuota fijada de 35.000 judíos muertos al día, honrando su lema, «*Aquí se entra por la puerta y se sale por la chimenea*».

https://aboutholocaust.org/en/facts/what-was-the-final-solution

Fritz Klein, el doctor del campo de concentración, parado en una enorme tumba común en Bergen-Belsen después de la liberación del campo por los ingleses en abril 1945.

(https://en.wikipedia.org/wiki/Bergen-Belsen_concentration_camp)

Gemelos judíos mantenidos con vida para ser usados en los experimentos de Mengele. Estos niños fueron liberados de Auschwitz por el Ejército Rojo en enero de 1945.

https://en.wikipedia.org/wiki/Children_in_the_Holocaust#/media/File:Child_survivors_of_Auschwitz.jpeg

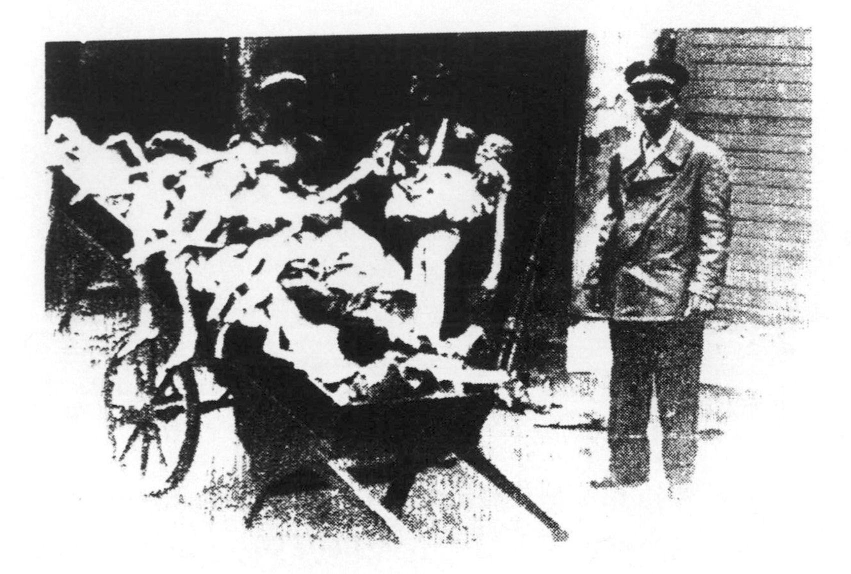

Varsovia (gueto de Varsovia) - Carretilla de niños muertos por malnutrición y epidemias para ser desechados como basura.

https://en.wikipedia.org/wiki/Children_in_the_Holocaust

Hornos donde eran incinerados hombres, mujeres y niños sin compasión y sin número.

https://www.uchile.cl/noticias/161272/el-holocausto-es-basico-como-paradigma-de-la-negacion-de-los-ddhh

Printed in the United States
by Baker & Taylor Publisher Services